勝出99%人的成癮式學習法

条原圭太郎

同步提升邏輯思維、記憶力和專注力，輕鬆成為「會學習的人」

「那些聰明人，
都是用什麼方式學習呢？」

這個問題時常被提起，答案其實很簡單：

他們使用了「某種能力」。

那是「**每個人都有的能力**」。

根據學習時能否發揮這項能力，能獲得的成果將大大不同。

大家應該都是抱持著

「我一定要考上！」

「我一定要提升成績！」

的目標來努力學習，

但卻都為這個大問題所苦：

無法堅持！

不管知道多厲害的學習方法，
無法堅持下去就沒有用。
如果將學習比喻成「溜滑梯」，
會學習的人和不會學習的人，
就像是處於溜滑梯不同的兩側，
心情完全不一樣！

不會學習的人

辛苦地爬著梯子，看不到前方。

會學習的人

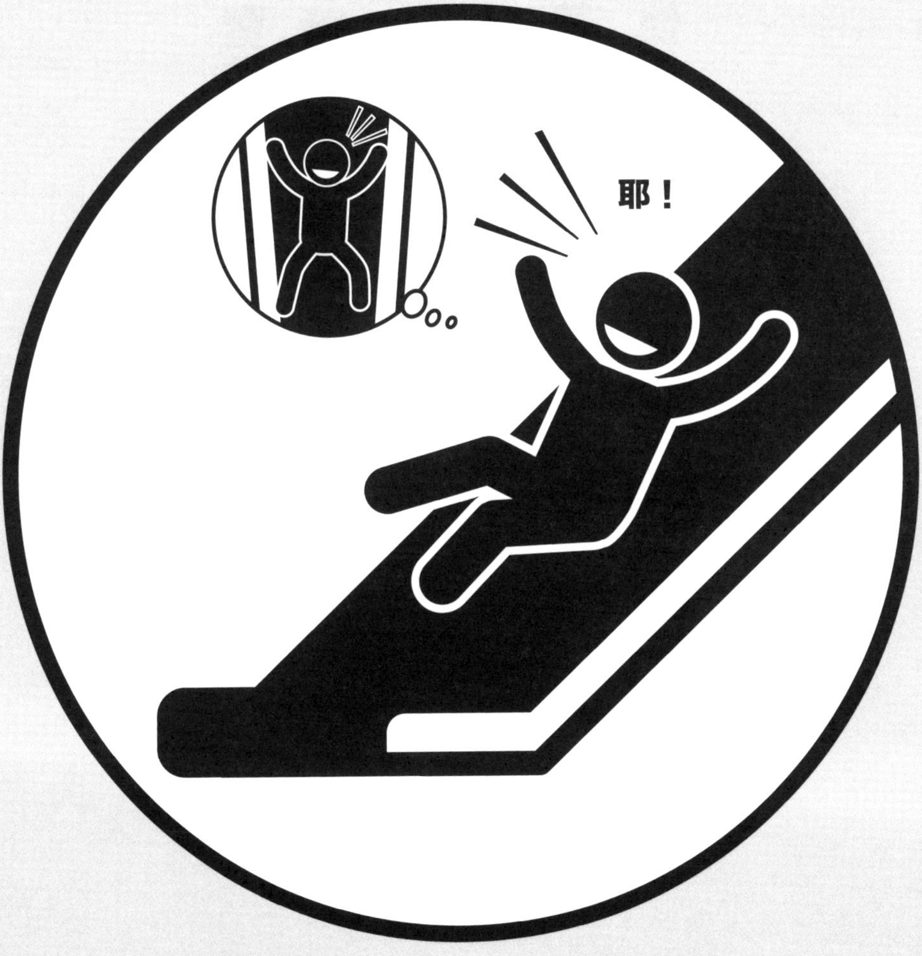

輕鬆自在往下溜，享受其中樂趣。

對不會學習的人來說，學習很痛苦，
他們總是爬梯子爬得很辛苦。
另一方面，
會學習的人三兩下就能爬上梯子，
再一鼓作氣溜下去。
這是因為他們掌握了「**學習的竅門**」。

那就是「自動化學習」。

只要掌握「享受溜滑梯的樂趣」

還有「自在邁進的輕鬆感」，

學習時就能樂在其中，停不下來。

只要讓學習自動化，
你就能同時獲得以下三項能力：
「沉浸力（能讓自己沉浸其中）」
「邏輯思考力（能思考前後脈絡）」
「記憶力（能透過連結記住東西）」

本書特別想傳授你的，

就是其中的「沉浸力」。

藉由發揮沉浸力，你可以獲得三項好處：

「在最短時間內獲得成果」

「讓一天變成27小時」

「努力，但毫不費力」

這本書正是由
達成「PR值99.99」紀錄的筆者所編著、
引以為傲的「成功率95%」
「自動化學習的技術」。

接下來我將為你介紹11種學習法，

同時提升你的

「沉浸力」「邏輯思考力」「記憶力」！

打造自動化學習的11種學習法

回顧學習法……P.100

立場轉換法……P.108

散步鍛鍊法……P.114

自問自答法……P.120

自我動力轉換法……P.126

睡前檢查法……P.131

愛因斯坦法……P.136

音效激勵法……P.139

反覆誦讀法……P.144

秘密基地法……P.148

速讀捕捉法……P.153

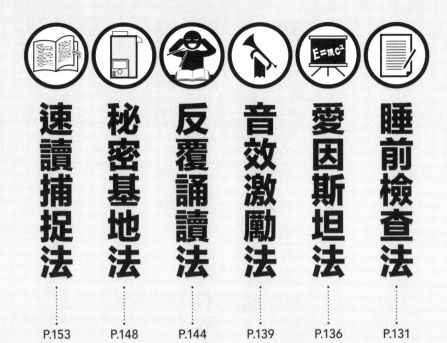

現在開始還來得及，
能夠讓人愛上學習的元素不勝枚舉。
只要實際感受到學習的樂趣，
就能找到幫助你達成目標的學習法！

前言

學霸和腦力競賽冠軍的最強學習技巧

大家對「學習」抱持什麼樣的印象呢？

我暫且將學習比喻成「溜滑梯」。

很多人在溜下來以前，會感覺爬階梯很累、很辛苦；但一旦開始溜下來，就會有一種身心都很放鬆的感覺。

只要開始往下溜，就讓人想停也停不下來，這就是自動化學習的感覺。

我從來都不覺得學習是件「痛苦」或「辛苦」的事。相反地，我覺得學習是一件非常快樂的事情，我現在也依然享受著持續學習的狀態。

我在高中時創下了PR值99．99的記錄[1]——每33萬人之中只有一人——並以榜首之姿考上了京都大學經濟學部。

此外，我從小學開始**參與競技歌牌比賽，最終獲得了日本第一的「名人」冠軍稱號，並得以衛冕**。

在學習和腦力競賽都達到極致之後，我開辦了一對一的線上學習班，針對每個學員的情況給予最適合的指導和幫助。

在指導學員時，我經常提到自己達成PR值99．99時的國文學習經驗。

達到PR值99．99的那次國文考試，我只花了兩個禮拜的時間學習。在那兩個禮拜，無論是睡著還是醒著，我滿腦子都是國文，簡直如癡如醉。

這種體驗逐漸昇華為本書介紹的「打造最強學習腦」學習法。

如果所有人都能夠進入這種深度專注的狀態，想不學習都難。

正是因為很多人都無法達到這種精神狀態，在學習上自然無法持之以恆。

回想起來，無論是京大榜首，還是日本競技歌牌冠軍，都不是我強迫自己忍受痛苦、硬逼自己努力才獲得的成果。

而是因為自己覺得快樂、覺得喜歡，所以自然而然地投入其中，持續下去之後獲得的結果。

而且，這種「投入力」和「沉浸力」才是取得成果最重要的條件。

愈聰明的人，愈能在無意間發揮「沉浸力」

觀察京大的同學、東大的學生以及其他聰明人之後，我發現他們之中的絕大多數人**都能在無意間發揮「投入力」，也就是「沉浸力」**。

1 原文為偏差值95。偏差值是日本用於評估學生學力的統計方式。日本一般學校的偏差值介於35～70之間。諸如東京大學、京都大學、早稻田大學、慶應義塾大學等頂尖學府偏差值可能達到70左右。為方便讀者理解，此處換算為國內常用之PR值，約為PR值99.99。

他們不只在學習方面是如此，對於興趣愛好，或別人有點難理解、自己卻很講究的其他領域也是如此。只要將專注於某件事物視為再日常不過的事情，就能獲得相對應的成果。

許多關於學習的書籍都是在闡述「有效學習的方法」。方法當然很重要，但無論掌握了多有效的學習方法，如果無法持之以恆，就難以取得成果。

如果想要持續學習，最重要的是要先沉浸於學習，把無聊的學習變成一件快樂的事情。

愈投入就會愈快樂，愈開心就會愈投入。

只要透過「投入」和「快樂」這兩個車輪驅動，就能不斷向前邁進。

成功率95%的學習法，讓你拿出好成績！

我透過一對一指導掌握學員的學習能力，給予其所需的教材，並進一步傳授學習方法，定期與學員進行討論。

我的學員下至國小四年級的學生，上至五十幾歲的成年人，涵蓋各年齡層的人，他們的目標都是要「拿出好成績」，因此我也會講授很多實現目標的有效方法。但在此之前，最重要的就是我會引導他們學會「沉浸學習」。

與其說我是在教導學員如何學習，不如說我是在打造一種快樂學習、沉浸其中的狀態，最終使學員的成績大幅提升。

- **一個月內，多益成績從550分進步到750分。**
- **一年內，成績從後段7%到提升到頂尖2%，一次就考上第一志願。**
- **三個月內，定期測驗成績從200名上升至第2名。**

這些只是成功案例中的一小部分。到目前為止，我有95％的學員都確實提升了成績。

從這個成功率可以看出，絕大部分人都能夠做到「沉浸學習」。

那麼如何開啟「沉浸學習」的關鍵呢？本書將不藏私地介紹給大家。

只要學會了「沉浸學習」，做任何事情都能夠所向披靡。

因為沉浸學習會讓人感到快樂，也會讓人在學習上變得愈來愈主動，愈來愈想吸收新的知識。

只要心態能夠轉變，看待事物的眼光也會隨之改變，想要的資訊也會變得俯拾即是。

只要你想把時間用在自己喜歡學習的事物上，就會開始研究如何有效利用時間。

最後，即使不特意學習如何有效利用時間，**你也能夠自然而然地進入高效的學習狀態。**

因此，成績提升可說是必然的結果。

只要讓自己樂於學習，就可以持之以恆！

在本書中，我將原本一對一傳授給學員的秘訣，整理成一套人人可以自學的知識體系。

在第一章中，將介紹如何沉浸學習的「心態」。這是讓大家理解沉浸力的第一步。

在第二章中，不僅介紹了沉浸力，還介紹了提高邏輯思考力和記憶力的具體方法。在學習上，這三種能力缺一不可。本書精選了誰都能輕鬆上手、立刻掌握的方法。想儘快學以致用的人，不妨從第二章開始閱讀。

在第三章中，將介紹如何建立沉浸力的機制。只要掌握了這些方法，就可以消除對學習的抗拒心態，打造全身心沉浸學習的狀態。

在第四章中，則介紹了讓你持續樂於學習的訣竅。也許有人會認為某些方法有點奇葩，但我一貫的主張是：只要能夠樂於學習，想用任何方法都可以。

其實，學習不需要你做好準備之後才開始。

希望大家能夠不受任何框架束縛，以自在的心態輕鬆面對學習這件事——這也是本書的中心思想。

透過本書，希望能夠幫助你登上溜滑梯的階梯。

接下來，你只需要坐在溜滑梯的頂端，自由自在向下滑就可以了。

在溜滑梯的盡頭，夢想中的目標正在等待著你的到來。

我會讓你夢想成真。

目錄

前言……19

學霸和腦力競賽冠軍的最強學習技巧……19

愈聰明的人，愈能在無意間發揮「沉浸力」……21

成功率95%的學習法，讓你拿出好成績！……23

只要讓自己樂於學習，就可以持之以恆！……25

序章

提升任何考試成績！「成功率高達95%」的學習法

37

能脫穎而出的「聰明人」和「平凡人」的差別……38

將「沉浸力」應用於學習的三大優勢……44

找出「學習」令人沉迷的關鍵點……48

建立在短時間內獲得成就感的機制……52

比起「效率」，「投入」才是通過考試的最短捷徑……54

第1章 讓學習停不下來！只要磨練「沉浸力」，任何人都能成功！

59

沉迷學習的重要因素就是「膩了」……60
「要先喜歡，才會擅長」才能取得成果……65
不妨嘗試一下別人熱衷的事情……69
打開你的「天線」，資訊就會紛至沓來……72
善於傾聽，就是善於學習……76
腦海經常浮現問號，能夠鍛鍊邏輯思考力……80
「小步前進」更有利於吸收知識……84
卡關的時候不要忘了妥協……88

利用「付出金錢就希望回本」的潛意識……91
「先做了再說」的心態能為你帶來機會……94

第2章
同時提升邏輯思考力、記憶力、沉浸力的學習法

99
5分鐘就能輕鬆固化記憶的「回顧學習法」……100
迅速提升邏輯思考力的「立場轉換法」……108
提升記憶力、沉浸力的「散步鍛鍊法」……114
隨時隨地能夠自動複習的「自問自答法」……120
透過音樂提升情緒的「自我動力轉換法」……126
一張A4紙就能飛速提高記憶固化率的「睡前檢查法」……131
提升記憶效率，消除睡意的「愛因斯坦法」……136

第3章

把「做不到」變成「做得到」！把不擅長的領域變成擅長的領域

體驗成就感，穩定進步的「音效激勵法」……139
記住複雜內容的「反覆誦讀法」……144
打造超專注空間的「秘密基地法」……148
輕鬆提高閱讀速度的「速讀捕捉法」……153
把學會的內容寫下來……160
讓你全心投入學習的3大守則……164
輕鬆瞭解自己學習能力的方法……168
想像「要做的事」「不做的事」「實現的事」……172

第4章

用聰明人的習慣，讓你持續快樂學習

坐在書桌前不等於學習……177
想辦法享受學習……180
學完卻沒學懂，該怎麼辦？……184
戰勝睡魔的5個方法……187
改變飲食習慣，提升專注力……192
把無趣的世界變得有趣的「承諾書」……197
將沉浸式學習與日常習慣結合……202
做「讓人覺得很厲害」的事……205
為自己製造良好的回饋……209

201

連結看似不相干的事物，讓學習無所不在……212
把你的時間跟金錢賺回來……216
從略感興趣到樂此不疲……220
名校頂尖學生的興趣就是「背東西」……224
非做不可的事，要在最短時間內完成……230
「堅持」本身就會帶來成就感……233
認真做小抄——轉變學習的目的……236
後記……241
參考文獻……245
附錄……247
高手都在用的6個學習法……247

序章

提升任何考試成績！「成功率高達95％」的學習法

能脫穎而出的「聰明人」和「平凡人」的差別

這世界上，存在一群頭腦聰明、成績優異，總是能脫穎而出的人。

反之，也存在一群對學習不太拿手，總是難以拿出好成績、為學習所苦的人。

他們到底有什麼差別呢？

我認為答案就在於是否能「沉浸其中」。

我在高中時，曾在國文考試中創下了PR值99．99的記錄。

聽到這裡，可能有很多人會認為：「那是因為你本來就頭腦聰明，而且一直都在唸國文吧？」

但事實上，在此之前我幾乎沒花時間唸國文，在考試前兩個禮拜才開始專心學習。

但在那兩個禮拜裡，我一直心無旁騖地學習，無論睡著還是醒著，滿腦子都想著國文。

也就是說，我那時是如癡如醉地沉浸於國文之中。

能夠沉浸學習、使成績快速提升的，不只有我一個人。

例如，在二〇一二年的「中國女子奧林匹克數學競賽」中，葛西祐美小姐成為了首位榮獲該賽事冠軍的日本人，並多次蟬聯冠軍寶座。她在小學時就迷上了數學，並一直專注於此。最終，她以絕對優勢考上了東京大學的第三類組。

我們可以說，能取得如此優異成績的人，一定是做事時能整個身心沉浸其中的人。

話雖如此，**「沉浸其中」並不只是頭腦聰明的人的特權**。

每個人應該都有過沉浸於某件事的經驗。

例如追劇或打遊戲的時候，我們的大腦不會分心想其他事，而是完全沉浸在眼前的世界裡。

要沉浸在一件事情上，任何人都能做得到。

然而，認為「學習很無聊」的潛意識會讓你無法好好沉浸在學習中。

只要將每個人與生俱來的沉浸力運用在學習上，你就能逐漸沉浸在學習的世界裡，自動向前邁進。等你意識過來的時候，成功已經近在眼前。這並不是在做夢。

我為學員們授課的時候，就非常重視培養他們的沉浸力。

當然，為了讓他們能夠順利拿到好成績，我也會傳授許多有效的學習法。但在與大量學員接觸後，我意識到：這些方法要想奏效，前提是必須要沉浸於學習。

在沉浸的狀態下學習之後，高達95％的學員都獲得了成績的提升。剩下的5％是尚未正式開始學習就退出的學員，所以實際上，可以說100％的學員都提升了成績。

我透過一對一的教學，針對每個人的情況給予最合適的學習指導。我的教學特色之一，就是要求每位學員都要回報當天的學習進度。

回顧當天所學的內容對於固化記憶非常重要，因此學員必須明確知道自己是否做到了這一點。

而且，每隔10天左右，我就會線上確認學習進度，讓學員們提出自己的疑問和感到進展不順利的地方，並給出建議。

如果不瞭解自己現在的狀態，就無法提出問題。因此，學員們已經養成了自然而客觀地審視自己現狀的習慣。每天的「自我檢查」對於沉浸學習是很重要的（這些將在第二章中詳細說明）。

例如，知名的「記錄式減重法」號稱每天記錄體重便能減重。其實，記錄的不只包括體重，還包括「因為吃太多零食，所以體重增加了」「因為走路的時間增加，所以體重減少了」等內容，透過觀察體重數字變化和分析增減原因，進行自我改善，最終才能達到成功減重的神奇效果。

如果減重進展順利，那麼每天的自我檢查也就成了一件樂事，並能夠讓自己有自覺地注意日常生活中的習慣。

學習也是一樣，只要每天自我檢查，就能瞭解自己的學習現狀，弄清楚自己哪裡不懂。在這樣的過程中，你會發現自己在不斷進步，並產生「我原來可以做得這麼好」的成就感，讓自己對學習的興趣進一步提升。

雖然我無法一對一指導所有人，但是這種例行的自我檢查，任何人都可以獨立完成。

如果想實現持續學習，還有一點很重要的就是「**要經常想像成功或夢想實現後的畫面**」。

我經常對考生說：「與其在校園博覽會時參觀大學校園，不如選個平常的日子去看看自己想去的大學。」因為在平時進到校園，能夠感受到大學生的日常生活，體會到大學校園裡濃厚的文化氛圍，激勵自己主動學習。

正在準備各種資格考試的人，也可以具體想像一下考過／考上那一刻的喜悅感。發現自己終於合格、振臂歡呼時的畫面感是非常鮮明強烈的。此外，你還可以將考過後的好處一一寫下，這也是種有效的方法。

另外，給予自己「我絕對可以！」「我一定行！」的肯定也很重要。

只要掌握人人都能做到沉浸式學習關鍵，就能踏出「成功率高達95％的學習法」的第一步，在任何考試中過關斬將。

將「沉浸力」應用於學習的三大優勢

當你擁有了投入其中的「沉浸力」，會有什麼效果呢？

請回想一下自己全心全意投入某件事時的情景，你是不是會整個人幹勁十足，注意力也變得超級集中呢？

人類的大腦在愈積極的態度下活動，就愈活躍，這也能夠防止注意力中斷。

只要實現這種狀態，就能獲得三大優勢。

第一個優勢是「**能在最短的時間內獲得成果**」。

只要能沉浸其中，就能最大限度地利用自己擁有的時間。**只要能始終保持高度專注的狀態，就能夠吸收更多的知識，也可以使大腦持續活躍運轉，讓記憶力獲得顯著提升。**

只要經常將心思放在學習上，就能持續汲取必要資訊。如此一來自然能提升成績。**這讓你不必繞遠路，能夠直接透過最短捷徑確實抵達終點。**

我想各位應該都有過明知道自己有事要做，卻總是以各種理由推三阻四的經驗。「拖延」是人類這種生物共通的習性。

從「不得不做」的「Have to」狀態，轉變為「主動想做」的「Really want to」狀態，才能透過最短捷徑到達目的地。

第二個優勢是「**能把一天變成27小時**」。

為了能夠在學習上投入更多的時間，**需要在學習之外的時間上花心思**。

例如，你可以把吃晚餐的時間從30分鐘縮短為25分鐘，把看電視的多餘時間用來學習。如果能有效利用時間，就會感覺一天的時間變長了，24小時變成了27小時。

有的學員到達了沉浸學習的狀態後，每天的學習時間從8小時延長到15小時。對他來說，一天感覺就像有31小時那麼多。

只要沉浸於學習，時間的密度就會增加，從這個意義上而言，你會感覺時間好像變多了。而且在接觸新知識的時候，也會感到時間變得更長。

很多人覺得年齡愈大，時間過得愈快，其實這是因為吸收的新知識愈來愈少的緣故。

第三個優勢是「**努力，但毫不費力**」。

我目前擁有日本競技歌牌的名人頭銜。在獲得冠軍後，很多人都問我「平時是怎麼練習的？」

當聽說我從小學開始就每天進行各種訓練時，大家就會說「你真是付出了很大的努力啊！」但事實上，我本身完全沒有什麼刻苦努力的感覺，只是一直快樂地做同一件事而已。

「努力」這個詞給人一種「痛苦」「艱辛」的感覺。的確，體育運動等體力上的練習十分辛苦，但競技歌牌、象棋等腦力競賽卻不一樣。

在某些領域取得成就的人，大多都不會覺得「我是一路努力過來的」，他們都是因為「樂在其中」才會持之以恆。

也就是說，這才是真正「沉浸其中」的狀態。

當然，努力也是必要的，但這並不是一件痛苦的事，而是快樂且積極的事情。所以，你可以努力，但毫不費力。

只要擁有以上三大優勢，就能讓成績獲得提升。

這種彷彿變魔術一般的方法，對那些聰明人來說再自然也不過。

我從來都不覺得學習是一件很辛苦或很困難的事情。

只要擁有了「沉浸力」，你一定也能做到這一點。

找出「學習」令人沉迷的關鍵點

你是否有過沉迷於遊戲的經驗呢？

雖然很多人心知肚明「應該把打遊戲的時間用來學習」「應該把花在遊戲上的錢用在學習上」，心裡也會感到愧疚，但仍然會打遊戲打個不停。

我在京大讀書的時候，也曾沉迷於戰國武將角色對戰的智力遊戲，而且在上面花費了大量的時間和金錢。

那時為了獲得高級武將頭銜，我每天可以連續10個小時都在打遊戲，一個月課金的費用高達10萬日圓，如果有人在我打遊戲時跟我搭話，我甚至會發起火來。

現在回想起來，真不知道自己為什麼可以沉迷成那樣……我當時應該完全陷入了「遊戲成癮」的狀態。

為什麼遊戲能讓人如此沉迷呢？

這是因為從遊戲中能「**快速獲得成就感**」的緣故。

無論是遊戲的等級還是進度，隨時都會透過數字顯示出來。還有那些每天進行即時排名的競技遊戲，為了避免玩家一下子玩膩，都會設計成讓人能夠在短時間內迅速獲得成就感。

正是因為立刻就能獲得顯著的成就感，人們才會對遊戲「成癮」。

賭博成癮跟遊戲成癮是一樣的道理。

一個人在打小鋼珠的時候，心裡會充滿不安，擔心「如果一直打不中怎麼辦」；一旦打中就會覺得「太好了！我打中了」，立刻鬆一口氣。

人在興奮的時候，大腦會產生一種稱為「腦內啡」的物質，讓人感到快樂。為了追求那種脫離危機時的快樂感，人會忍不住一再嘗試，這就是賭博的機制。遊戲也是一樣的。

而且，賭博者會有一種「再一次搞不好就能贏」的僥倖心態，這也是人們之所以深陷其中的原因。

看到這裡，你有發現什麼了嗎？

是的。其實沉迷遊戲、賭博成癮的狀態，與前面提到的「沉浸力3大優勢」的狀態非常類似。

「**快速獲得成就感**」「**投入到甚至忘了時間**」「**讓人樂在其中，停不下來**」，這些感覺簡直如出一轍。

我在這裡不是要規勸大家專心學習，戒掉遊戲和賭博，而是想告訴大家：**這種沉迷其中、無法自拔的狀態，完全可以帶入到學習之中。**如此一來，我們就能夠迷上學習，並樂此不疲。

建立在短時間內獲得成就感的機制

如前所述，大多數人都抱怨過「學習很無聊」，並暗自認為自己不擅長學習。

但其實，學習是很有趣的。

雖然學習的樂趣不像遊戲的樂趣那樣顯而易見，但它確實存在。否則，科學就不會如此發達了。那些獲得諾貝爾獎的學者和科學家們，正是發現了科學知識的有趣之處，才會全心投入於此。

他們認為學習是一件非常有趣的事情，就像許多人認為遊戲很有趣一樣。我也是如此，一旦投入到學習之中，便會流連忘返、樂此不疲。

但如果你的學習無法達到一定的水準，就很難發現學習的樂趣。

例如，在學英語時如果一直只學習 be 動詞，就會覺得很無聊；但一旦能讀懂文章，就會發現有趣之處，變得想挑戰更難的文章。

在發現學習的樂趣之前就因為一些挫折而放棄的話，實在是太可惜了。

那麼，對於自己不擅長的事情，要怎麼做才能投入其中呢？答案正如前面所說，要有一種「沉迷於遊戲」的感覺。

學習和遊戲不同，並非每天都能看到成果。

學習是個長期的過程，無論是模擬考或測驗，都是隔好幾個月才有一次，所以不像遊戲那樣馬上就能知道自己的水準。

明明是很有趣的東西，卻沒能建立讓人全心投入的沉迷機制。

如果想像打遊戲那樣在短時間內快速獲得成就感，只要建立起遊戲機制就行了。

你只需要將遊戲中那些讓人欲罷不能的設計方案，以及令人沉迷的要素應用到你的學習上。

比起「效率」，「投入」才是通過考試的最短捷徑

因為工作的關係，經常有人透過社群平台等向我提出各種問題，大部分都是在詢問有哪些高效的學習方法。

這種追求學習效率的心情，我很能明白。

我在國高中時也曾追求高效的學習方法，並閱讀了將近五百本關於學習方法的書籍。但是，我並非單純是為了追求效率而讀。

我是在尋找學習的樂趣，尋找如何能夠更加高效沉迷於「大考」這項遊戲的學習方法。

而那些提問的人，似乎只是為了通過考試，而追求一些快速見效的方法。

如果過於重視效率，就會想要儘快取得成果。即使是有效的方法，如果無法立即見效，他們就會馬上捨棄，再去尋找其他的方法……這樣一來，就變成只是學習方法的「收藏家」。

而且，如果只重視效率，就會忽視學習的內容；如果把效率放在第一位，不重視學習內容，就會混淆學習目的和手段。例如真正的目的應該是「通過考試」，卻會變成「3月之前要念完英文文法」等等。

最後，這些人大多數都無法掌握學習內容，這可以說是本末倒置。

雖然快速提升成績很重要，但我認為**首先要讓學習變得有樂趣**，**然後再繼續學習**，**這一點更重要**。

例如在過河的時候，很少有人會為了尋求最短路徑而直接游泳渡河。欲速則不達，與其承擔丟掉生命的風險，還不如繞點路過橋更可靠。儘管如此，卻有很多人忘記了渡河這個目的，把游泳當成了目的，並為了游泳跑去鍛鍊身體，完全搞錯方向。

為了穩紮穩打地到達目的地，「投入」是第一要務。

只要全心全意地投入某事，就會願意花費更多的時間在這件事上，進而自動自發地尋找更高效的方法。如此一來，就一定能夠快速取得成果。

在這樣的情況下，即使不刻意追求效率，也會自動實現高效。

為了引導學員們全心投入，我建議他們閱讀漫畫和「閒書」，而不是所謂的教材。假設想學習歷史，就可以多看看各種歷史漫畫。還有很多不擅長數學的人，是在看了有關數學的有趣故事，或相關題材的影劇之後，才發現了數學的樂趣。

一直以來，我都非常重視學員是否能投入學習，這使他們的成績得到了飛躍性的提升：

・學習時間從3小時增加到10小時

・國文成績在一個月內達到全縣第一

・一年內英語成績從落後86％人提升到超過98％人，一次考上第一志願

・通過了5年來都考不過的困難稅務特考

我的學員涵蓋四年級的小學生到五十幾歲的成年人，成功率高達95％。

在這本書中，我把平時傳授給學員們的方法，整理成一套人人可以自學的知識體系。

再強調一次：比起「效率」，你更該重視「投入」。只要這樣做，無論是檢定考試、學習測驗、提升成績、實現目標，或是其他必須學習的項目、必須記住的東西，你都能夠透過最短捷徑到達終點。

玩遊戲時，沒有人會停留在新手村，所有人都會不斷升級。

同樣道理，只要用對方法學習，一定能夠提升你的等級，讓你的學習成績更上一層樓。

第1章

讓學習停不下來！只要磨練「沉浸力」，任何人都能成功！

沉迷學習的重要因素就是「膩了」

你在努力學習的時候，可能會感受到一種無形的壓力，覺得沒做好心理準備。

但如果是做自己很感興趣或非常喜歡的事情，就不會有這種感覺。一提到學習，我們就會感覺肩負重任、壓力很大，這是因為我們深信學習是一件「不得不做的事情」。

其實，學習並不是件非做不可的事情。我經常對學員們說：「就算不學也不會死，不學也沒關係。」

但既然你正在讀這本書，我相信你一定是想要學習，並且希望能學得更好。

因此，我希望你能夠正視這種願望，卸下肩上的重擔，用一種「即使對學習感到膩了也無所謂」的輕鬆心態來學習。

「膩了」這個詞給人一種負面的印象。可能很多人認為自己是「因為感到膩了，所以無法堅持學習」。

但是，**「膩了」正是沉迷學習必備的要素**。

你聽過「多重潛能者」（Multipotentialite）這個詞嗎？

這是指擁有特別多的興趣愛好，喜歡有創造性地去追求各種事物的人。

但從另一個角度來看，這種人很可能會被認為是「沒有定性」，三天打魚、兩天曬網。

其實這種多重潛能者具有3大優勢：

1 具有整合多個領域的能力

他們可以整合完全不同領域的東西，創造出新的東西；也可以發現不同領域之間的共同點，並為其建立關聯。

以學習為例，國文和數學、英語是完全不同的科目，但在邏輯閱讀方面存在共通之處。意識到這一點，就可以將閱讀國文的能力應用於數學的解說和英語的長文讀解中，這在學習上相當有優勢。

② 行動速度快

多重潛能者一旦想做什麼就會馬上付諸行動。

多重潛能者對很多事物都感興趣，但多數情況下，他們無論在哪個領域都屬於初學者。所以，你也可以說他們已經習慣了初學者的角色。

這樣的人不會抗拒學習新事物，且善於靈活應用自己學習到的技術和知識，因此，他們比那些從零開始學習的人進步得更快。

3 適應能力強

因為經常體驗新事物，所以他們在任何情況下都擁有強大的適應能力。

如果需要根據情況改變自己的角色，他們也不會排斥。也就是說，他們不會執著於某件事，不喜鑽牛角尖。這種可變通的思維能在學習上發揮積極的作用。

「總是很快就膩了，然後就不想繼續學了」的人之中，可能也有很多人具備了多重潛能者的特質。

這可說是一種特殊的才能。**他們能夠將目光投向各種事物，即使時間很短，也能將熱情傾注於這些事物上。**

你不妨想像一個兩三歲的孩子。這個年紀的孩子，常會被說沒「沒定性」。

確實，他們可能玩一玩積木，沒玩多久就丟下積木跑去看電視。這是因為他們想知道一切自己不懂的事情，他們對什麼都感興趣。

從大人的角度來看，會認為孩子「為什麼這麼沒定性呢？」但事實上，孩子在每一個瞬間都在專注於自己感興趣的東西，吸收大量知識。從某種意義來說，他們進步得非常快。

同樣，那些所謂沒定性的人也並非缺乏專注力，他們會在某些瞬間全心投入某些事情。

這種出色的能力如果不應用到學習上就太可惜了。

「要先喜歡，才會擅長」才能取得成果

正如序章中所說，獲得成就感是讓人沉浸學習的重要因素。

想獲得成就感，就必須要有「目標」。

很多人可能沒有目標，或者只有模糊的目標；但如果想取得成功，就必須要有明確具體的目標。如果目標模糊不清，找不到道路也看不到終點，就無法知道自己是否實現了目標。

不要將目標設定在太容易實現的範圍內，而是要設定為「考上第一志願！」「讓多益成績提高100分！」等一旦實現就會令人興奮的目標。

即使你現在的實力與目標相去甚遠，但只要把「我喜歡這個！」「我想做那個！」的想法，轉變為實際可行的做法，這也能成為沉浸學習的重要因素。

很多人在日常生活中會有「雖然很喜歡，但如果做不到就會很丟臉」「因為太在意別人的看法，所以不敢鼓起勇氣去做」等想法。

例如：

- 從事桌球、飛鏢、保齡球等運動時

「旁邊的人都很厲害，覺得自己太丟臉了。」

- 去高級酒吧時

「雖然很喜歡喝酒，但覺得自己不夠內行，所以不敢進去。」

- 英語會話時

「如果講錯就很丟臉，容易被人看不起。」

・追星時

「很想去聽演唱會支持偶像，但因為太不好意思所以不敢去。」

每個人應該都有過這種經歷，但是如果因為做不到、怕丟臉而始終不付諸行動，就永遠都無法開始。任何人在剛開始的時候都是初學者。

雖然我現在從事教育工作，但我在小學時曾經考過全班倒數第三名，英語考試還一度不及格，連初級英檢的程度都沒有。

不過，我現在所教的學員中，有許多人的目標是要考取東大，而且我還參與了多益考試教材的編纂作業。

我是從小五才開始練習競技歌牌，而我身邊的選手早就從幼稚園就開始練習了。那時候我基本每場比賽都一敗塗地，而且當時競技歌牌屬於非常小眾的賽事，所以我在比賽時都會感覺有點丟臉。後來，由於漫畫《花牌情緣》引起了巨大迴響，使競技歌牌在日本人氣暴漲，我也在此時贏得歌牌競賽的名人頭銜，取得成功。

這正是因為喜歡而全心投入其中，並一直堅持下去的結果。
無論是學習還是興趣，我都認為**「要先喜歡，才會擅長」**。
即使做不到也不要怕丟臉，重要的是大膽邁出第一步。
只要始終保持喜歡的心態，就一定能夠不斷精進。

不妨嘗試一下別人熱衷的事情

我曾參加富士電視臺的《秋刀魚的東大方程式》節目。當時的主題是讓東大和京大的學生相互競賽。透過這次節目，我見識到了他們千奇百怪的興趣愛好。

例如，有京大醫學系的學生沉迷於健美運動；有京大學生喜歡研究各種兜襠布，甚至校內成立了兜襠布同好會；還有東大學生因為喜歡生物，無意間就發現了新物種……

據此，我發現能專注學習的人，對其他事物也很容易全心投入其中。同時，我也意識到其實任何事物都有其有趣之處，能吸引人們深入探索。

在此建議那些從未全心投入過任何事物的人，無論自己心裡是否認同，也不妨去嘗試一下其他人熱衷的事情。

兜襠布的例子可能有些極端，**但如果你不去嘗試別人熱衷的事情，那就太可惜了。因為在那些事情裡，一定隱藏著如何全心投入的線索。**

你可以全心投入漫畫、動畫，或其他任何東西。即使自己無法做到全心投入，只要能夠發現它的有趣之處就好。

在嘗試各種事物的過程中，如果能找到自己願意全心投入的事情就再好不過。接下來，就是要把這種專注的感覺轉移到學習上。

在我的學員中，有一位不擅長英語的高中生。

因為這個孩子很喜歡看輕小說，所以我建議他閱讀一些國中生也看得懂的簡單原文童話，因為他已經知道故事情節，所以讀起來毫無抗拒。

這種方法，讓他閱讀英文書也像看輕小說那樣上癮，並逐漸開始查詢一些不懂的文法，讀懂更難的文章。最終，他順利考上了第一志願的大學。顯而易見，這就是把喜愛輕小說的感覺靈活運用到英語學習的效果。

正是因為他意識到學習和輕小說一樣，都有其有趣之處，才能取得成功。

這有點像「雞生蛋，蛋生雞」的循環，全心投入才會發現有趣之處，也正是因為發現了有趣之處才會全心投入。

一旦抓住了這種感覺，就能掌握全心投入的方法。過去曾經沉迷某些事物的人，一定也能夠沉迷於學習。這裡所說的「某些事物」，可以是任何事情。

從來沒有全心投入過任何事情的人，其實也不必擔心。

首先，可以嘗試一下周遭的人熱衷的事物，應該就能找到讓自己感興趣的東西。如果還是無法找到，也沒關係，本書介紹了幫助你全心投入學習的方法，不妨直接將學習當作你最初的「投入點」吧。

打開你的「天線」，資訊就會紛至沓來

只要學會全心投入的感覺，過去從未留意過的資訊就會自然而然地接踵而至，非常不可思議。

這種狀態被稱作「**彩色浴效應**」（Color Bath）。

這個詞的意思就是「沐浴在色彩中」。指的是一旦你意識到某件事，就好像沐浴在特定色彩中，你會不斷看到相關資訊，資訊會朝你聚集過來。

舉例來說，如果你一早聽到電視說你今天的幸運色是紅色，接下來一整天你都會不斷看到紅色的東西。我想大家應該都有過類似的經驗吧。

以我自己為例，我以前覺得自行車就是一種通勤用的交通工具而已，但自從看了《飆速宅男》這部漫畫，我就開始對自行車產生興趣。

我不僅關注一般自行車，還發現了公路自行車與登山自行車在車型上的差異，自行車店的促銷資訊和漫畫出現過的用語也經常映入我的眼簾，所有的資訊都紛至沓來。

當你意識到某件事情的時候，就會自動打開「天線」去尋找它；即使你什麼都不做，資訊也會接踵而至。在社群平臺蓬勃的現代社會，由於資訊量很大，這種傾向會更加明顯。同樣地，這種意識也可以轉移到學習上，為你帶來成功。

一旦開始對學習感興趣，並產生學習意識，那麼不管是提升詞彙量的資訊，還是應考多益的資訊，相應的資訊都會自動隨之而來。

只要全心投入，你的意識就會產生改變。

如前所述，我在國高中時期讀過很多關於學習方法的書籍。

最初的契機是一位準備報考東大的朋友推薦給我一本書，說「這本書很有趣，你可以看看」。

這本書叫作《最新考試入門學習指南——找到成功的學習方法！和田式要領學習術實踐秘訣》（暫譯）（和田秀樹著，Bookman 出版）。

在此之前，我對準備考試並沒有什麼特殊的感覺，只是覺得「既然那麼有趣，我就看吧」。

看了才發現這本書真的很有趣，感覺自己好像獲得了一本針對「考試學習」這場全國遊戲大對決的精彩攻略！

我的意識就是從那一瞬間開始改變的。

從那時起，無論是從電視新聞、上學途中看到的電車吊環廣告，還是順路去便利店看到的雜誌標題等等，在日常生活中，凡是與學習方法或學習相關的所有事物我都能留意到。

這就是序章中提到的「**即使不刻意追求效率，也能自動實現效率**」的狀態。

通過考試或實現目標必需的資訊會主動紛至沓來，如果自己始終保持全心投入的狀態，這些資訊也會源源不斷地產生。

我可以毫不誇張地說：一旦獲得了專注力這項武器，就再也沒有什麼好害怕的了。

善於傾聽，就是善於學習

在前面內容中，我們介紹了可以透過眼睛獲取資訊，下面就介紹一下如何透過耳朵獲取資訊。

進入京大、接觸不少教授和學長姐之後，我發現善於學習的人都很善於傾聽。

善於傾聽的人，能夠不斷激起對方講話的熱情，從中獲取各種資訊。這樣必定能豐富自己的知識，將其應用於學習。在免費的學習諮詢會上，如果對方反應熱烈，我也會不知不覺地傳授一些在付費講座上才會講到的內容。

如果一個人有熱情，他說的話也能成為提升動機的契機。

之前介紹過，我們可以嘗試別人熱衷的事情，以便發現自己的興趣所在。同樣地，如果有人向你熱烈談論某事，也會激起你的興趣。

即使不是立即見效，那種熱情洋溢的感覺也會留存在我們的記憶之中，並逐漸對自己產生積極的影響。

我的一位朋友在大二時偶然聽到了「程式設計競賽」的話題，他對此產生了興趣，也向專業人士詢問了許多資訊。兩年後，當他即將就業時，忽然想起了當年的事情。雖然他原本是文組生，但最終還是選擇踏上工程師的道路。你曾聽過的那些熱血故事，很可能會左右你未來的道路。

成為一個善於傾聽的人，可以帶來兩大好處：

① 變得愈來愈喜歡傾聽

你會變得愈來愈喜歡傾聽，純粹地想要詳細瞭解更多事情。透過不斷傾聽，能夠激發你的積極性，讓你全心投入其中，得以實現良好的學習效果。

② 養成先聽再說的習慣

即使是現在不感興趣的事，只要別人講得很有趣，我們也會不由自主地想去聽。不管怎樣，首先要試著去傾聽。

就像我的那位朋友，過去聽到的資訊對他以後大有幫助。所以儲存你聽到的資訊好處多多。

傾聽時的要點首先是注意自己的表情和動作。要透過微笑對對方說的話表示認可。在回應對方的話時，可以用「沒錯」「原來如此」「的確是這樣」等幾種不同的模式，使對方更容易繼續講下去。

只要保持這種心態不斷練習，自然會變得善於傾聽。到時候你就可以像海綿一樣，不斷吸收各種資訊。

前面說過，只要全心投入，就能改變自己的意識。而到了這個階段，你的意識又會產生進一步變化，讓你能夠更加全心投入。

只要投入得愈多，獲得的資訊就愈多，學習的進步也就愈大。

腦海經常浮現問號，能夠鍛鍊邏輯思考力

在老家唸完國高中，到了京大唸書之後，我發現了一個現象：「咦？怎麼跟我以前和同學聊天時的感覺不一樣呢？」

和京大的同學們聊天時，總是能聽到「為什麼？」「到底是怎麼回事？」之類的問句。這不僅限於學習，在日常聊天中也經常會提到諸如「那家拉麵店的地點那麼差，為什麼生意這麼好呢？」等問題。這樣即使是微不足道的小事也要追根究柢的態度，令我十分驚訝。

日本的科學類諾貝爾獎得主大多數都是京大畢業，他們從學生時代開始就經常提問，抱持疑問持續進行研究。**對任何事都喜歡追根溯源，或許就是聰明人的共通特點。**

對萬物抱持「為什麼？」的好奇心，原本就是人類的天性之一。

相信大家小時候都曾對各種事情感到好奇，想知道為什麼會這樣，一直不停地問「為什麼？」

但是很多人在長大以後，就會開始自欺欺人，認為自己都懂了或是覺得「不知道就算了」，掩蓋了求知的欲望。

聰明的人不會壓抑自己的好奇心，因為他們深知追根究柢的樂趣，並直覺地知道這樣做能夠增加自己的知識。

在學習研討會上，我也經常建議大家要養成對凡事抱持懷疑態度的習慣。

那些不會學習或不想學習的孩子，給人一種「馬不停蹄」的印象。學習的路上有著各式各樣的資訊，但他們大多對其視而不見、看過略過，以為自己已經都懂了。**如果能養成每到一處都駐足停留的習慣，就會重新審視那些自以為弄懂的地方，成績也會隨之提升。**

其中，成績提升得最明顯的就是數學和國文。

這是因為，對事情抱持疑問的態度，能夠鍛鍊理解數學和理解文章時不可或缺的「邏輯思考力」。

數學題本身就已經具備邏輯，但如果不深思題意，只是記住答案，就無法明白其中的前因後果。

只是記下答案，在實際考試時毫無幫助；但如果能深入分析「為什麼B會得出C？」就能鍛鍊邏輯思考，加深理解。

國文的文章理解則會以「作者為何抱持這種心情」為基礎，要求作答者答出其中原因和背景。因此多問幾個為什麼，對於準確理解文章來說很重要。

培養邏輯思維，對於任何學科來說都很重要。

而且，這種「提出疑問的能力」，正是全心投入學習的能量來源。

經過一番苦思、終於得出答案之後，你就會有種豁然開朗的成就感，讓你更深入地投入其中。

你可以在平時多做提出疑問的練習，養成習慣。不妨每天問一個為什麼，內容不限，讓你的腦海經常浮現問號。

例如，「為什麼天空是藍色的呢？」「鋁罐和鐵罐有什麼差別？」「為什麼日本的首都是東京？」任何問題都可以。

提出疑問後如果可以進行調查，當然最理想；但如果做不到，也可以一直把問題放在腦海裡。經常提問的習慣能夠鍛鍊大腦在學習上的專注力。

「小步前進」更有利於吸收知識

在前面，我們介紹了全心投入的心理狀態。

有的人聽了別人的話之後，會去嘗試別人熱衷的事情，有人則會開始致力於學習。但其中，有的人可能稍微嘗試後就堅持不下去了。

但我們完全不必為此情緒低落，否定自己。只要是學過的東西，以後一定會有派得上用場的時候。

等到想要重新開始努力的時候，你一定會比那些從頭開始做準備的人進展得更順利。

只要有了一點頭緒和靈感，就能脫離從零開始的狀態，飛速前進。

不要每次都從零開始，**哪怕多前進一步或者半步都好，那種進步的感覺對於學習來說是很重要的**。

我會要求學員們提前一天把第二天要用的學習資料準備好，這也是為了找到頭緒和靈感。

在思考「要做什麼才能開始學習」時，需要很強的專注力。

假設你現在準備要學英語，如果在開始學習前就詳細規劃出要做什麼、看多少頁、看幾個小時，隨著時間過去，難得的學習動力就會下降。

因此，你只要事先規劃第二天起床後要學習什麼就夠了。

我也建議你從公司或學校返家學習的時候，可以在出門之前就把教材攤開，讓你到家之後馬上就能拿到。

根據德國精神病學家克雷佩林（Emil Kraepelin）提出的「勞動興奮」理論，如果一個人不假思索直接行動，大腦就會分泌多巴胺物質，使人樂此不疲。

大掃除就是個很好的例子。雖然在開始打掃之前覺得很麻煩，但一旦開始之後就會情緒高漲，甚至會把細小的地方都打掃乾淨。這正是「勞動興奮」的原理。

學習也是一樣，一旦開始行動，大腦就會處於興奮狀態，愈來愈有動力，做好吸收知識的準備。

我經常對那些缺乏動力的學員說：「不管怎樣先做再說，只有一分鐘也可以。」很多人透過這一分鐘的熱身，進到了全心投入學習的狀態。

雖然這裡介紹的是每天利用碎片時間學習的案例，但其實長時間也是一樣的。就像我前面所說的：「哪怕多前進一步或者半步都好，那種進步的感覺對於學習來說是很重要的。」

無論是斷斷續續的學習，還是買了卻沒做的題庫，都是為了下次行動而做的熱身。

哪怕這個「下次行動」是一個月後還是一年後，只要有過學習的經驗，就相當於做好了賽前準備。因為已經有了頭緒，自然能夠進展順利。

一直馬不停蹄地跑下去很辛苦，即使最終無法到達終點，或是有不完美的地方，你完全可以中途停下來休息。

我想強調的是：這種學習狀態既非退步，也非止步不前，只要曾經向前邁出過腳步，就一定不算消極。

「小步前進」對你的未來大有裨益。

卡關的時候不要忘了妥協

在學習的過程中，有時會出現「不如預期」「進度卡關」等情形。好不容易全心投入在學習，卻可能因此突然變得討厭學習，或是讓熱情瞬間冷卻。

然而，正是因為存在這種情況，我才希望大家「不要忘了妥協」。

「妥協」本來是一個偏貶義的詞，給人一種「其實不想這麼做，但無計可施下只好這樣」的感覺，父母和老師也常說「不要妥協」。

但是，我從不認為妥協是一件壞事。

如果是偉大的天才，也許能做到毫不妥協、勇往直前，但並非每個人都能披荊斬棘，一無所懼。

所以，**有時候我們需要妥協，需要讓自己抽身。**

這才是堅持下去的秘訣。

我自己就曾在學習和競技歌牌上妥協過好多次。

如果你預計在一周內記住100個英語單字，但不幸卡關的話，那麼就算只記住70個單字也好，重要的是一定要堅持下去。

如果事與願違或者遭遇失敗，也請不要過分責備自己，要告訴自己這種情況很正常，使情緒平靜下來。

一時的失落可能導致你無法全心投入學習，但如果你讓自己妥協，就不至於徹底放棄，會再慢慢回到全心投入的狀態。正因為學會了妥協，我才能繼續熱愛學習、熱愛競技歌牌。

女棋士香川愛生的座右銘是「忘了失敗」。據說在將棋世界中，輸掉比賽的原因只有一個，就是自己下錯了棋。比賽的規則就是自己宣布認輸，所以失敗的感覺應該是非常痛苦的。但即使如此，也要讓自己忘記失敗，這就是一種妥協。這樣才能夠轉換心情，重新再來過。

無論是自己多喜歡的事，總會有起起伏伏的時候。但即使興趣淡去，只要沒有完全歸零，總有一天還會重振旗鼓。

順帶一提，「妥協」（compromise）一詞在英文中有和解、互讓、折衷方案的意思。從這些解釋上來看，妥協絕非消極意義的詞彙。

我們應該積極看待妥協的作用，讓自己始終保持全心投入的狀態。

利用「付出金錢就希望回本」的潛意識

有一個概念叫作「沉沒成本」（Sunk Cost），指的是過去已經支付，無法挽回的費用。

最合理的投資，本來只該考慮將來的損益；但我們會捨不得迄今已投入的金錢、時間和勞動成本，所以即使知道有損失，也會繼續投資。

想像一下去吃吃到飽的情景，就很容易理解了。

已經吃得很飽、撐得半死時，最合理的做法就是停下來不要再吃。但只要一想到應該要吃到回本，就會愈吃愈多。

「沉沒成本」的概念原本有負面的意思，但我們可以將「只要付出了金錢就想要回本」的心態利用在學習上。

首先就是要在學習上投入金錢，讓自己有種「不學可惜，要回本才行」的心態。

每當開始學習一項新的東西，我都會購買相對較貴的教材、鋼筆及書籤，還會分門別類地購買各科用的筆記本等學習用品。在我的學員中，有的人還幫自己的參考書包上昂貴的高級書衣。

除了購買教材、筆記本、文具以外，我還建議大家預定一間自習室。既然花了這麼多錢，為了要回本，一定能夠好好學習。

當然，你也不必非得做到這種程度不可。例如，你可以去咖啡廳唸書，點一杯比較貴的飲料就行了。只要告訴自己「今天點了這麼貴的飲料，一定要好好念書！」這樣也能讓人產生學習動力。

這種「打造儀式感」的做法，對於持續學習很有效。

雖然這種方法可以當作一種補救措施，在難以堅持學習的時候使用，但我還是建議大家在最一開始就使用這個方法。

因為最一開始的時候，正是最有意願、最有熱情的時候。

趁勢而上，正是持續學習的動力所在。其實，一旦進入了全心投入的狀態，滿腦子都會想著學習，這時用什麼樣的筆記本或文具已經無所謂了。

話雖如此，準備好文具還能成為學習的助力。建議你在最有熱情的學習初期，做好各種物理上的準備，確保專注的學習狀態能持續下去。

「先做了再說」的心態能為你帶來機會

大家聽過「京大魷魚」這個詞嗎？

「京大魷魚」是「果然是京大的學生」這句話的音譯縮寫。很多京大學生都戴著厚厚的眼鏡、穿著格子襯衫，對體育和時尚無感，因此才有了這樣的綽號。我在校期間所屬的競技歌牌社團，就是由這樣的一群「京大魷魚」組成的。

雖然他們外表看起來不夠帥氣，但是人不可貌相，這裡的每個人都有非常強烈的挑戰精神。

可能有人覺得他們是因為有天分，才那麼厲害，但事實並非如此。這是因為他們把挑戰未知事物的門檻設得極低。

聰明人總是會給人一種喜歡挑戰高難度事物的印象，但其實恰恰相反，他們都是不求完美之人，從一開始就沒想過能夠一帆風順。也正因為如此，無論什麼事，他們都能夠以輕鬆的心態去挑戰。

以我自己為例，我從小就嘗試過各式各樣的事情。從小學開始，我挑戰了競技歌牌、棒球、籃球、網球、游泳、田徑、書法、繪畫、飛鏢、將棋等各種項目，此外還學了很多東西，參加各種社團活動培養興趣。其中，最成功的就是競技歌牌。

學競技歌牌必須記住日本傳統詩歌《小倉百人一首》的全部內容。由於最近《花牌情緣》漫畫帶來超高人氣，使大家感覺玩競技歌牌很帥氣很快樂，但在當年，能夠堅持這種辛苦競技的人可說寥寥無幾。

那時的我沒有任何先入為主的想法，只是覺得競技歌牌看起來很有趣，於是就去做了。如果當年我左思右想，先做好要付出辛苦努力的心理準備，可能就沒有現在的成功了。**抱持放鬆的心態去挑戰各種事物，一定能遇見讓自己的能力綻放的那朵花。**

我經常聽到那些優秀的運動員們說「有幸能遇見適合自己的運動項目」，其實這並非真的是運氣好，而是因為曾經挑戰過很多項目，才有了與這項運動相遇的機會。

愈是成功的人，愈喜歡挑戰各種領域。這個行為和那些京大的學生們是一樣的，都是抱著「先做了再說」的心態。

我的朋友中，有一位什麼事都喜歡嘗試的男生。

他在對簿記一無所知的情況下加入相關社團，不是「因為不會所以不做」，而是「先做了再說」。後來他在簿記大賽上獲得冠軍，現在任職於一家會計師事務所，並順利考取了稅務士資格。

學習也是一樣，在自己曾經嘗試過的內容中，一定能夠發現自己喜歡的或者願意全心投入的東西。

只要稍微對某事感興趣，就要好好地親身體驗看看。長此以往，必將找到自己真正想為之奮鬥的事物。

第2章

同時提高邏輯思考力、記憶力、沉浸力的學習法

5分鐘就能輕鬆固化記憶的「回顧學習法」

每個人都希望能把需要記住的事情瞬間記錄在腦海。只要能將記憶固化、不再遺忘，就能取得好成績，讓人持續地快樂學習。

這種看似癡心妄想的願望，其實完全可以實現。

而且，**只需要5分鐘就夠了**。

很多人在學習的時候，做完一道題目、對一下答案就覺得萬事大吉。這其實稱不上學習。

聰明的人不會停在這裡，而是會回過頭再看一次，牢記在心以後再繼續下一步。

「學習的訣竅是什麼？」應該有很多人答不出來，只知道傻傻地學習。

正是這樣的「回顧」，才能發揮固化記憶、提升成績的明顯效果。

如果不停下來回顧一下，只是馬不停蹄地前進，走得愈遠就會忘記得愈多。以後再回頭看的話，很可能什麼都想不起來，變得手足無措。

正如「艾賓浩斯遺忘曲線」告訴我們的，不斷地進行回顧，可以提升記憶的固化率。

在這裡，要登場的就是**「回顧學習法」**。

每看教材的1～2頁，就在適當的地方停下來一次，花大約1～5分鐘的時間回顧自己現在正在學習的內容。回顧的時間可以根據教材的分量和難易度進行增減。

在進入下一個環節的同時，還要反覆回顧每個小段落，然後是更大的段落，最後是整體的章節，每個項目都要進行回顧。

只要養成「回顧學習法」的習慣，就能輕鬆固化你的記憶。根據科目類型不同，「回顧學習法」的做法也會有所不同。

1 需要背的情況

對於歷史等需要背的科目，首先要確認「目錄」「標題」和「粗體字」的內容。因為必考的要點都集中在這些地方。

其他關於學習方法的書籍中也經常提到這種方法，但除此之外，我還會確認事件發生的原因。

例如，第一次世界大戰的爆發，是由於歐洲的產業發展導致生產過剩，多國侵略他國企圖進行殖民統治，而入侵國之間又產生了對立衝突所導致的。

在這樣的背景下，奧匈帝國的皇儲被塞爾維亞民族主義者暗殺（塞拉耶佛事件），以此為導火線，俄羅斯、德國、英國、日本等國家都參與了戰爭，引發了世界大戰。我會像這樣確認每件事的來龍去脈。

這樣做，能夠關注到每件事的本質，會在記憶中留下深刻的印象，比起死記硬背更輕鬆，而且不容易忘記。

應試學習中最重要的就是要弄清楚「原因」。只要知道了原因，自然而然就能匯出結果。

「回顧學習法」的要點是不要在回顧上花費太多的時間，對於事物的本質部分，要最優先進行回顧。

② 需要理解的情況

對於數學等需要理解的科目，要多多回顧自己最不擅長的地方。

例如下面的這個問題：

同時投擲兩顆公正的骰子，出現的數字分別用 a 和 b 表示。

1. a×b=6 時的情況有多少種？

2. 求 b/a 等於偶數的機率。

第一個問題很簡單，學生通常容易答錯第二個問題。兩顆骰子出現的組合是6×6種，即一共36種組合，只要從中找出 b/a 為偶數的情況，就能求出答案（解答：①4種。②1/6。）這是我在教一位國小生數學時所出的題目，但那個學生卻回答成「當 a 等於1的時候」。**像這種因為理解錯誤而答錯的問題，看到解答時不要覺得「完了，錯了」而放棄，而是要再一次自己重新解答，看看是否能夠答對。**

進行3次回顧的「回顧學習法」

1 以1～2頁為單位進行回顧

在1～2頁之內學習一段落，就馬上回顧。

例▶如果是參考書，可以「小標」為一個單位。

2 以段落為單位進行總結

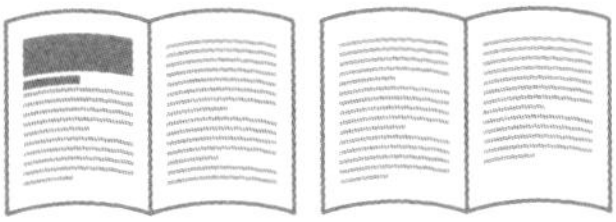

1一邊進行1的作業，一邊在適當的地方重新檢視整個段落。

例▶如果是參考書，可以「大標」為一個單位。

3 以章節為單位重新檢視

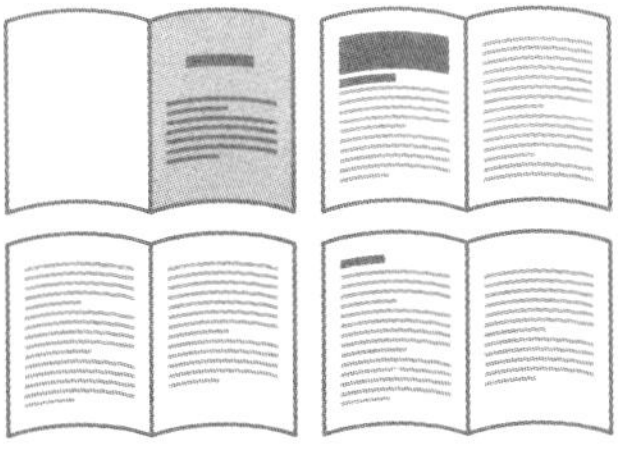

12一邊進行12的作業，在學習完一章之後，最後再整章總結一次。

例▶如果是參考書，可以「章」為一個單位。

這1～5分鐘的回顧，可以在下課後或結束了一天的學習之後進行。

我傳授給學員這個「回顧學習法」的約莫兩周後，就收到了「我掌握了這個學習方法」「我在小考中拿到了好成績」的回饋。我也想大聲地告訴大家，這真的是一種簡單但立即見效的方法。

「回顧學習法」不僅能夠固化記憶，也相當有助於排定事情的優先順序。

只要將自己的弱點可視化，將它視為要解決的優先事項，就可以再進到下一步。

那些考進東大和京大的學生，他們都會經常進行這種自我分析。

因為他們都想在學習的時候儘量不白費工夫，輕鬆考上理想學校。

在使用「回顧學習法」的階段，不要盲目地一把抓，而是要精確找出弱點，並儘快解決問題，這樣才是高效的學習方式。

看清自己的弱點並克服它，就會不斷進步，並因此獲得成就感。

只需要短短5分鐘的時間，你就能進入沉浸式學習的正向循環。

迅速提升邏輯思考力的「立場轉換法」

隨著時代的發展，很多問題都可以直接在網上找到答案，所以愈來愈多人不願再對事物進行深入思考。

他們缺乏自己主動思考的習慣，所以遇到 Google 等搜尋引擎無法搜到的問題，就無法應對。

思考，是一種習慣。

如果平時不喜歡思考，就無法學以致用。正式考試的時候，光靠死記硬背是遠遠不夠的。

藉由思考，可以提升你的「邏輯思考力」。

邏輯思考力是學習的大前提，然而很多人都缺乏這種能力。

以我的學員為例，缺乏邏輯思考力的人很難正確解答問題，或是會答非所問。這是因為他們不會看上下文思考問題，也很難理解問題的本質。

例如，當我問一位數學題選了A的學生「你為什麼選A呢？」他馬上會回答「那應該選B」或者「那應該選C吧」。

他完全忽視了我問的其實是「為什麼」，以為我是在指出他的錯誤，所以又說出其他的選項。

這樣的情況，可以透過「**立場轉換法**」來鍛鍊邏輯思考力。

這個方法需要先設定一個問題，提供兩種答案，先提出建議，然後再提出反論，反覆進行對話和交流。

我向學生提出了一個問題：暑假作業應該先做還是後做。如果學生說「先做比較好」，我就會反駁「後做比較好」，然後學生會再進一步提出反論。

接下來，由我提出「先做比較好」，讓學生提出反論，像這樣交換雙方的立場，找出相對應的理由來繼續討論。

這其實就是一種簡單的「辯論」。

一開始，學生被我反駁後的反應是「哦，這樣啊」，對我的意見全盤接受。後來，他逐漸開始思考並多次提出反論，**在改變立場的同時，養成了主動思考的習慣，自然而然培養出了邏輯思考力**。3個月後，這位學生的成績就獲得大幅提升。

我自己在小六的時候也實際應用過這種「立場轉換法」。

這正是一次關於暑假作業的討論。很多朋友說「如果不先把作業都做完，就沒辦法好好去玩了。如果先好好把作業做完，開學前就不用忙著補作業了。」但我始終半信半疑，心想「真的是這樣嗎？」

我當時的想法是：「如果能先把作業都做完當然很好，但又不知道什麼時候才寫得完。既然如此，還不如決定在暑假最後三天再寫作業，這樣就可以一直玩到那天。」接下來，我會再改變立場，反駁自己「不對，還是應該先做作業比較好」，這樣自己不斷進行思考。

所以，「立場轉換法」即使只有自己一個人也可以做。

首先確定自己的想法，並對其提出反論，接下來對這個反論再提出反論，不斷重複。

最重要的是，牽強附會也好、找不到理由也罷，都要努力提出反論，也就是要鍛鍊「強詞奪理」的能力。

另外，情境猜謎遊戲也有助於鍛鍊邏輯思考力。

反覆提出反論的「立場轉換法」

題目▶ 暑假作業應該先做？
還是可以後做？

1回目
應該先做
如果把功課放著不做就沒辦法好好玩了！
反論
2回目
應該後做
不對，如果決定好最後三天才做，就可以玩到那個時候！
反論
3回目
應該先做
果然還是做完再玩比較好吧。不然開學前一晚會很著急....

有的人可能玩過「海龜湯」遊戲，這是由出題者先提出問題，讓猜題者們分別提出各種可能性。出題者對於這些提問只能用「是」、「不是」或「沒有關係」這3種模式回答。這是一個找出真相的推理遊戲，如果被固定觀念所束縛，就很難找出正確答案，因此就鍛鍊大腦的層面來說，這個方法非常有效。

即使不特意進行辯論或遊戲，在日常生活中也可以輕鬆地使用「立場轉換法」。不必把它想得太難。

「我今天想吃肉。」

「這本書我要不要買呢？」

在日常生活中偶然想到什麼、有點糾結的時候，就可以思考一下「為什麼這樣想」，或者嘗試提出反論。

像這樣經常分析自己的想法，養成深思熟慮的習慣，就能自然而然地提升你的邏輯思考力。

提升記憶力、沉浸力的「散步鍛鍊法」

很多人都聽過散步能夠鍛鍊大腦的說法吧。

新墨西哥高地大學的研究顯示，當人走路的時候，腳掌承受的壓力會透過身體的動脈傳遞到大腦，促進大腦的血液循環。

腳掌承受的壓力促進血液倒流，增加了大腦的血流量，進而活化了大腦，提升記憶力。順便說一下，騎自行車時腳底沒有承受壓力，就不會產生這種效果。所以還是腳踏實地走路的效果更好。

只要走路就可以了，任何人都可以隨時付諸行動。

不妨利用每天的「**散步鍛鍊法**」，提升自己的學習能力吧。

你可以在每天散步時走同樣的路線，但如果可以繞些遠路，或是走那些以前沒走過的新路，專注力會提升得更快。

大腦中負責專注力的部分位於前額葉，那裡也積蓄了你的「意志力」（willpower），專注力需要透過意志力來實現。

要擁有專注力，必須先提升意志力。而提升意志力的方法就是要有新的經驗。正因如此，我才建議大家在散步的時候要走不同的路。

在我的學員中，就有人透過散步提升了自己的成績。

他是一位重考生，直到大考前一年都還沒有養成學習的習慣。於是，我讓他先從走路去圖書館開始。

如果到了圖書館但不想學習的話，可以摸一下圖書館的牆壁就回來。總之，先把目標設定在「去圖書館」這件事就好。

他過去用了各種方法都無法提升學習效率，但是自從養成了走路的習慣以後，馬上變得每天都想要學習。兩個月後，他的英語和日本史的偏差值都上升3分，半年後上升了10分，最終考上了自己理想的學校。

培養學習的習慣就好像玩「溜滑梯」，一旦從頂上開始往下溜，就再也停不下來。不管是否努力，都能夠自動向下溜。

不擅長學習、無法堅持下去的人，是因為感覺爬階梯的過程很痛苦。的確，爬到上面需要付出很多努力，但一旦登頂，就能苦盡甘來。

這位重考生，可以說是以步行為契機爬了上來，之後便自動養成了學習的習慣。

與這位學生不同，有些學生始終都有良好的學習習慣。我試著尋找了一下他們的共同點，發現原來他們幾乎都是走路去學習班或自習室。我認為走路活化了大腦也是部分原因。

另外，還有很多心態負面消極的學生，透過走路而變得積極的例子。還有一些學生雖然成績不錯，但總是很擔心自己會考不好，這時我也會建議他們多走路。

走路的姿勢很重要。

要挺胸抬頭地快步前進，雙眼目視前方，至少要走20分鐘。

建議大家走路的時候要揹雙肩背包，而不是拿手提包。因為前者可以讓你騰出雙手，讓雙臂擺動起來才能控制好走路的節奏。

特別是在晴朗的早上，走完路之後會感到非常充實，請大家務必要體驗一下。

畢竟光只靠大腦去學習，效果微乎其微。

大腦有維持身體平衡的作用，如果身體總是不活動，那麼大腦的這個作用就失去了意義。

我有幾個朋友在高中時期很喜歡運動，學習時也有很強的專注力；但一旦不再從事體育運動，成績馬上就下降了。

大腦和身體都需要透過運動來活化，才能激發學習所需的一切力量。

激發大腦活力的「散步鍛鍊法」

✕ 對學習有害的走法

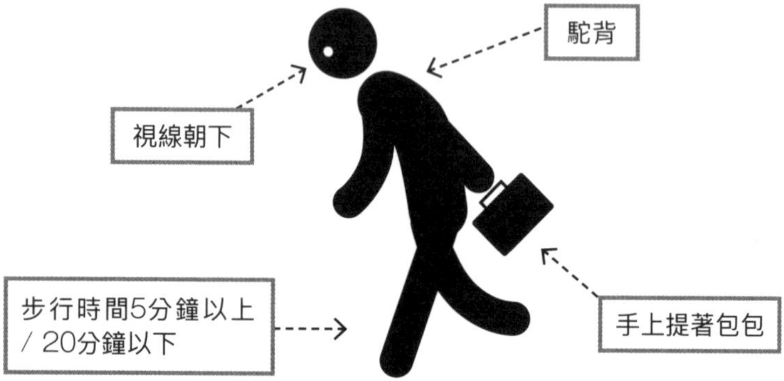

○ 對學習有益的走法

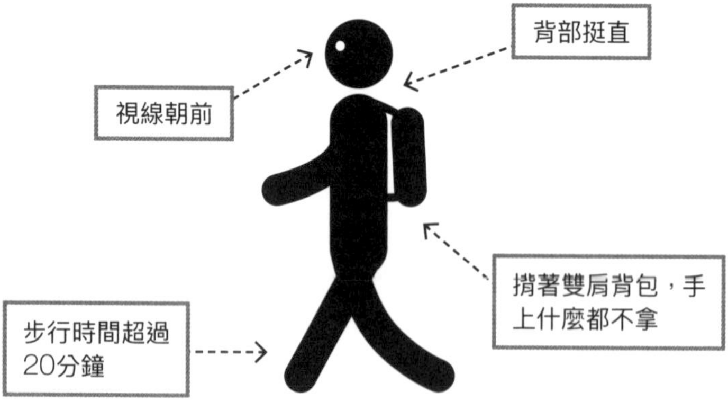

走路還可以分成兩種模式。

一種是感到疲倦的時候，透過走路來恢復精神。我喜歡邊聽音樂邊走路，重點是要選擇配合自己步伐、有節奏感的曲子。走路回家以後，學習效率就會大大提升，所以有時我也會帶著書走到公園裡學習。

另一種是邊走路邊學習的模式。你可以一邊走路，一邊練習前面講過的「回顧學習法」和「立場轉換法」。

只要邊走路邊思考，就能在鍛鍊邏輯思考力的同時，在腦中整理學到的內容，促進記憶固化。

隨時隨地能夠自動複習的「自問自答法」

不管是誰，都會遇到很難記住或者是一再出錯的問題。

從我的經驗來看，曾經錯過3次的問題，之後還會再出錯的可能性相當大。

為了不重蹈覆轍，我想出了一個切實可行的方法，能幫助你留住記憶，這就是接下來要介紹的「**自問自答法**」。

首先，寫下作答的日期，用○、△、×簡單標註自己是否已經會了。然後從其中找出有畫×的題目，最後再挑出曾經答錯3次的題。

將其內容以「問答」的形式進行錄音。你可以用錄音筆，或手機的錄音功能。先唸一遍問題，停頓一下再唸答案。停頓時間大約3秒。以這套流程重複錄製3次。

為什麼是3次呢，這是因為反覆多次有利於記憶的固化，如果只錄1次，在聽的時候可能會錯過一些內容。

之後聽錄音的時候，在聽完問題後的3秒內自己給出答案。

因為是自己提問、自己解答，所以才叫作「自問自答法」。

這個方法參考了我在學生時代使用的《系統英語單字CD》（霜康司．刀禰雅彥著，駿台文庫）。CD中會重複朗讀3次單字，再朗讀1次由這個單字組成的句子。因為多次重複朗讀，所以比起其他的教材，這個CD能讓記憶更加牢固。

所以，**我在這種「自問自答法」中也會將內容重複3次**。

最理想的方式，是看了參考書以後自己出題、自己作答；如果有難度的話，也可以直接朗讀題庫裡面選出的內容。

下面示範一些具體的例子：

問：第二次世界大戰的同盟國是哪些國家？

答：中華民國、美國、英國、蘇聯等。

問：book做為動詞使用的時候，是什麼意思？

答：預約（房間或座位等）。

像這樣製作題目的問答音檔，記錄下日期和教材名稱、頁數等。

雖然錄音是一項相對麻煩的作業，但效果可能超出大家想像。

我在高中準備美術科筆試時首度嘗試了這種方法，我從來沒有特別學過，只靠上學途中一邊聽音檔就取得滿分。

現在，我也在傳授學員這種「自問自答法」，絕大多數人都因此提升了成績。

此外，**因為自己的聲音在錄音裡會聽起來和平時不一樣**，**這也會讓人留下深刻的印象**，**更容易記憶**。

這種方法的好處在於只需要錄一次音，之後無論在家裡、在上下班／上下學通勤或走路的時候，**都可以隨時隨地自動複習**。

我的通勤時間大約是45分鐘。我按照這個時間製作了音檔，來回一趟可以聽兩次。你不妨也根據自己的生活規律製作音檔，將聽音檔變成一種像刷牙一樣的每日生活習慣，也可以在睡前或一早起床時聽音檔。

「自問自答法」的最大優點就是，在建立問題和錄製音檔的過程中，可以同時完成輸入和輸出。

確實幫助記憶的「自問自答法」

以「提問」和「回答」的形式錄音

Q book做為動詞使用的時候，是什麼意思？
（停頓3秒）
A 預約。Q book做為動詞使用的時候，是什麼意思？
（停頓3秒）
A 預約。Q book做為動詞使用的時候，是什麼意思？
（停頓3秒）
A 預約。

Q 第二次世界大戰的同盟國是哪些國家？
（停頓3秒）
A 中華民國、美國、英國、蘇聯等。
Q 第二次世界大戰的同盟國是哪些國家？
（停頓3秒）
A 中華民國、美國、英國、蘇聯等。
Q 第二次世界大戰的同盟國是哪些國家？
（停頓3秒）
A 中華民國、美國、英國、蘇聯等。

一邊建立問題、一邊記憶是輸入，錄製音檔是輸出。

這個方法對於以背科為主的資格考試非常有效。

這是一個能夠確實幫助你記憶內容、提升自信心，進而達到快樂學習的最強工具。

透過音樂提升情緒的「自我動力轉換法」

常有人說：「學習的時候不要一邊聽音樂。」

如果不聽音樂就能學習，那再好不過。但如果遇到無論如何都無法繼續下去、學習動力低落的情況，就可以透過聽音樂使自己重新投入學習。

雖然這樣做可能讓學習效率下降，但總比毫無動力、學都不想學好得多。

學習，其實可以更輕鬆。我認為強制禁止學生聽音樂或看電視，反而會阻礙了對學習的興趣。

證據在於，那些聰明人，很多都是一邊聽音樂一邊學習的。

一位京都大學的學弟表示，他經常邊聽音樂邊解數學題。

另一位京大醫學系的朋友說，當他播放音樂的時候，只會剛開始學習的前幾分鐘聽見音樂；一旦全心投入學習，音樂聲就會自動消失。所以，**音樂只是一個將他帶入學習世界的導入點**。

我在學生時代也是邊聽音樂邊做作業的。聽著自己喜歡的音樂，就有一種自己喜愛的音樂人也在支持自己的感覺。只要抱持這種心情，學習的時候就一點都不覺得辛苦。

你可以將自己喜歡的歌曲加入播放清單，抱持一種「我是聽音樂的時候順便學習」的心態，這就是「自我動力轉換法」。

你還可以根據情況，建立幾種不同模式的播放清單。我自己製作了3個用於學習的播放清單。

透過音樂提升情緒的「自我動力轉換法」

提振士氣用播放清單

♪
歌詞熱血的搖滾歌曲

安靜作業用播放清單

♪
咖啡廳音樂，例如爵士或民謠

放鬆心情用播放清單

♪
療癒系音樂

第一個是「**提振士氣**」的時候用。

用於考試和競技歌牌大賽之前，或是必須做某些辛苦工作的時候。要選擇那些能使人情緒高漲、心情興奮的熱血音樂。

第二個是「**安靜作業**」的時候用。

在做例行工作、回覆郵件等基礎作業時，可以聽一些能讓心情平靜的歌曲。不要選節奏強烈的音樂，建議聽一些曲調輕快的旋律。

第三個是「**放鬆心情**」的時候用。

在覺得累了，想要讓大腦休息一下的時候，可以選擇一些能放鬆身心的歌曲。正因為有了這個播放清單，我才能重啟自己，重新燃起意志力。

基本上，你只要從自己喜歡的歌曲中選擇就可以。

有些人可能會認為，如果有歌詞會讓人無法集中精神，但如果歌詞內容能鼓舞士氣，那就可以用這類歌曲勉勵自己努力學習和工作。

不過，**聽音樂始終是為了當作進入學習的導入點**。請將其當作一種潤滑劑，一旦注意力轉移到了學習上，就可以把音樂關掉了。

一張A4紙就能飛速提升記憶固化率的「睡前檢查法」

正如我在「回顧學習法」一節所述，只要經常回顧自己做過的事情，就能在提升記憶固化率、提升考試成績方面發揮顯著效果。

這裡將要介紹的「**睡前檢查法**」，能夠進一步提升這種效果。

透過「回顧學習法」累積每次5分鐘的回顧，並在一天結束的睡前再次進行回顧，記憶的固化率就能有驚人的提升。如果能將這種回顧系統化，養成每天的習慣，就可以讓你所向無敵。

「睡前檢查法」的做法非常簡單。

只要在一張A4紙上寫出當天學習的內容，睡前花30分鐘回顧就可以了。在睡眠期間大腦會自動整理這些內容，使記憶固著在大腦中。

這不是要你在學習完之後，才在紙上寫出對學習內容的總結；而是在學習的過程中，將不懂的地方、用粗體字強調的重點等隨時寫在上面。

寫滿一張A4紙，剛好是30分鐘左右可以完成回顧的份量。

而書寫方式又分為兩種。

第一種方式是「**具體書寫**」。

如果是英文的話就寫下不懂的單字，如果是數學的話就寫下題目和答案。

雖然這樣做比較麻煩，但因為問題都集中在一張紙上，只要有這張紙，無論在哪裡都可以隨時複習，這正是其優點所在。如果將其整理歸檔，還會有那種日積月累的成就感。

另一種方式是「**逐條列出日期、參考書名和頁數**」。

雖然使用時必須翻閱參考書，但是書寫的量會比前者少許多。一直不停地寫東西很麻煩，所以我經常使用這種方法，將筆記寫在平板電腦上，用完以後就刪除。這種方式相當簡單，具備了方便持續的優點。

不管是哪種方式都有優點，你可以根據情況選擇適合自己的方式。

一旦開始之後，你才會知道自己原來還有很多不懂的地方。首先要讓自己確實感受到這一點。

不過，就算有很多地方不懂，也不必著急。你不必強求自己要一下子都記住，也不必把題目再做一遍。

以數學為例，看完題目需要思考要用哪個公式，然後才能作答；如果是英文的話，必須反覆閱讀複雜的文章；如果是社會科，就需要確認粗體字的內容和原因。

「這裡我好像有點不懂耶」以這種輕鬆的心情來回顧就可以了。就算如此，學過的內容還是會牢牢地儲存你的大腦裡。

另外，前面提到的30分鐘，是指白天學習3～5小時的標準量。

如果是假日的話，有可能會花上6～10小時學習，這種情況下的複習回顧時間會落在1小時左右。如果覺得太忙，只複習10分鐘也沒關係。

最重要的是不要有負擔，要保留自己可以輕鬆複習的時間。只需要每個項目瀏覽5秒左右，瞭解「原來還有這一項啊」就可以了。只要這樣做，記憶的固化率就會大不相同。

到目前為止，我已經介紹了數種全心投入學習的方法。

即使是不喜歡學習的人，只要找到全心投入的方法，也能立刻上手。只要能掌握方法，就能獲得成果；只要能看到成果，就能讓學習水準進一步提升。

能夠讓這個成果更加鞏固的，就是前面介紹的「**自動化複習**」。

只要做到以上的內容，你就能切身感受到明顯的學習效果。

用一張A4紙進行回顧的「睡前檢查法」

1 具體書寫

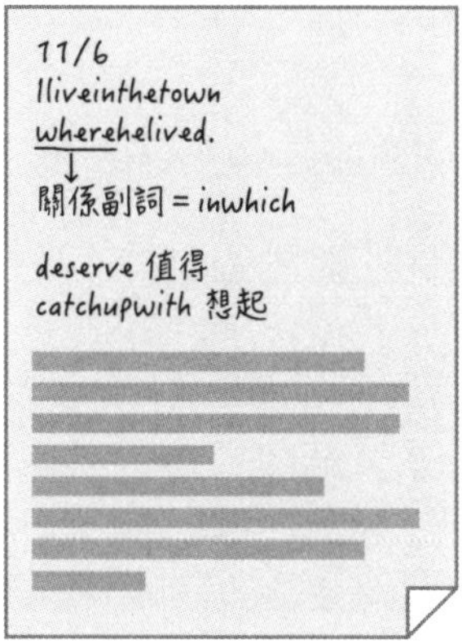

把自己不會的東西都寫下來

2 逐條列出日期、參考書名和頁數

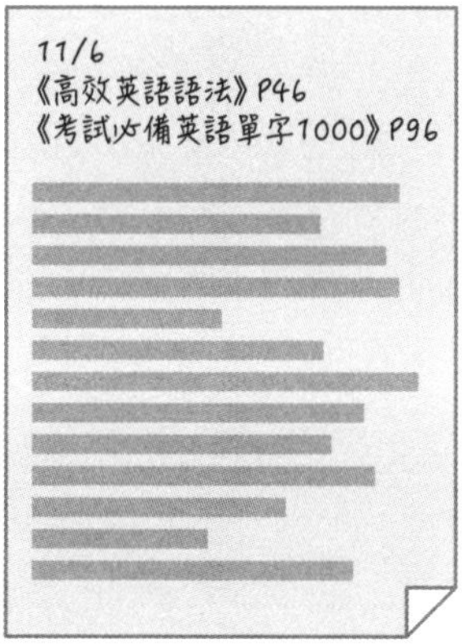

把之後想訂正、不會的地方逐條記下來

提升記憶效率，消除睡意的「愛因斯坦法」

前面介紹的「散步鍛鍊法」，是指出去散散步可以提升大腦的活力。走路本身可以促進大腦的血液循環，就算不到室外散步，在房間裡走一走也是好處多多。

但實際上，幾乎沒有人會在房間裡邊走路邊學習。

我猜有99．99％的人，都是坐在書桌前學習的。

據說知名的物理學家愛因斯坦，就是在走路的時候獲得了靈感。他和學生邊爬山邊討論問題，討論到問題核心時，他突然停下腳步開始計算，獲得了「相對論」的靈感。

因為這種方法是模仿愛因斯坦在散步中獲得靈感，所以我將其命名為「**愛因斯坦法**」。先試著離開書桌，在房間裡邊走路邊學習吧。

在房間裡走路，到底能有多大的效果呢？

我找了10位學員協助我實際驗證。我讓他們坐在座位上30分鐘，記憶從未學過的俄語單字。之後再換一批單字，同樣是30分鐘，這次改讓他們邊走邊背。結果證明，後者的記憶方式更有效率。

從科學的角度來看，一直坐著不動時肌肉不會運作，大腦也很難動起來。所以，當你在書桌前覺得累了，感到沒有動力時，就可以站起來在房間裡走一走。透過活動你的肌肉，能夠促進大腦的血液循環，幫助你恢復專注力。

坐在書桌前感到很睏的時候，使用這個方法也很有效。透過走路，可以提神醒腦，消除你的睡意。

據說有所重點升學高中，教室的四面牆壁上都設有白板。他們上課的座位並非固定，可以數個不同的環境中隨時移動，這有助於提升學習效率。

我也在自己房間的牆壁裝上白板，做數學題時我就站著解題；我還在房間的四角都貼上想記住的內容，再走過去背下來。**邊走路邊朗讀，對於背東西特別有幫助，也更容易將內容固化到記憶裡**。這種做法大大提升了我背東西的效率。

現在我也傳授給學員相同的方法，透過這種方法提升他們的成績。

在房間裡走來走去或許感覺有點奇怪，但在家裡只有家人會看見，不用介意。讓我們走起來，增強自己的記憶力吧。

體驗成就感，穩定進步的「音效激勵法」

除了使用音樂提升情緒的「自我動力轉換法」之外，還有一個有效利用聲音的方法，那就是**「音效激勵法」**。

當自己覺得「我做到了」的時候，可以播放遊戲破關升級的音效。

別懷疑，就是那個「登登楞登——」的音效。

這種音效可以把打敗敵人、破關升級的感覺投射到自己身上，藉以獲得成就感。

當你不斷學習下去，有時會開始懷疑自己到底會不會，是不是真的有進步。

雖然有沒有進步很難確認，但當你感覺似乎遇到瓶頸的時候，就可以有效利用音效讓自己有成功的感覺，成為讓你繼續前進的原動力。

當然，你可以使用各種遊戲的音效。最重要的是能夠讓你有種「做到了！」「太好了！」情緒激動的感覺。

音效有3個播放時機：

① 正確率超過90%時

如果正確率能達到這個比例，應該會相當有成就感。這時就要有自信地播放音效，讓自己進一步投入學習。

② 睡前回顧一整天的學習內容時

回顧當天的學習，意識到「原來今天學了這麼多」的時候，肯定很有成就感。如果能在睡前帶著好心情入睡，第二天早上也能帶著積極的心態去學習。

③ 在自己設定的時間內完成時

考試是有時間限制的，所以平時不能總是慢條斯理地學習。要像正式考試那樣設定規定時間，加強在一定時間內完成的意識，以提升專注力。這就是所謂「時間壓力」的效果。

體驗成就感的「音效激勵法」

1 正確率超過90%時

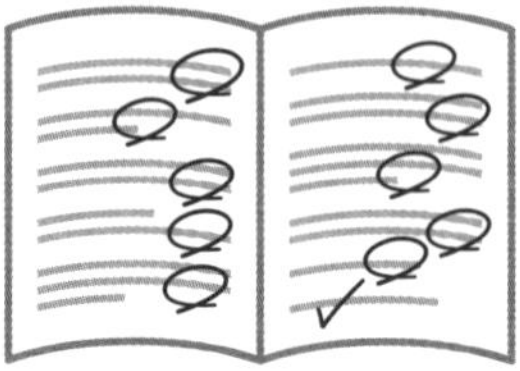

確實提升學習力，讓你擁有自信

2 睡前回顧一整天的學習內容時

振奮睡前的心情，隔天也能積極向前

3 在自己設定的時間內完成時

在規定時間內完成，專注力升級

無論哪種情況，最重要的是要「**體驗到成就感**」。

即使情緒沒有很嗨，只要聽到音效，就能啟動大腦的記憶，讓你體驗到成就感。你應該有意識地打造這種狀態。

假以時日，即使不實際播放音效，大腦也會自動發出聲音。我一開始也是先錄好音效再播放，現在我的大腦已經可以自動響起音效。

我有一些學員還錄下了自己喜歡的偶像的聲音，讓自己感受到「偶像也在支持我」，提振士氣。

這些能提升學習動力的工具，經常隱藏在學習之外的地方。

只要體驗到成就感，就能產生自我肯定感，幫助你找到明確的目標。

利用日常生活中的事物當作學習的開關，提升你的學習動力吧。

記住複雜內容的「反覆誦讀法」

大家遇到必須背下來的內容時會怎麼做呢？

在學校上課時，老師會告訴學生哪些東西需要記住，但卻沒有告訴他們要怎樣才記得住。

很多人可能有這樣的印象，國小時經常要抄寫生字。因為曾有多次抄寫才記住生字的經驗，所以到現在也會認為「要先抄寫才能記住」。

當然，這個做法並非行不通，只不過抄寫這個行為既單調又辛苦。與此相比，還有更簡單、更能有效記憶的方法。

那就是「**發聲記憶**」。

需要背下來的東西，只要反覆誦讀，一定會留在記憶中。

這裡我就來告訴你背東西的方法。

你只需要堵住自己的耳朵，不停誦讀單字和課文等需要背下來的東西就可以了。

例如，文言文中的「之乎者也、乃所為於」等虛詞組合很難背，但正是這類內容才最適合反覆記憶。

剛開始可以邊看書邊大聲誦讀，然後再堵住耳朵誦讀；最後堵住耳朵、閉上眼睛，接著誦讀。透過這一系列過程，把想要記住的內容讀出來。這種反覆誦讀可以提升記憶的固化率。

你可能會覺得奇怪，為什麼要堵住耳朵？這是因為堵住耳朵時，自己的聲音會聽起來跟平常不太一樣。

前面說過，大腦喜歡新的東西，如同「自問自答法」的原理，大腦聽到和平時不同的聲音時會感到很新鮮，更容易留在記憶中。**這種違和感能讓你留下深刻的印象，有利於更好地記憶**。

這個方法的靈感來源於僧侶誦讀經文，所以我稱之為「反覆誦讀法」。

這個方法對於固化記憶非常有效，不過閉著眼睛、堵住耳朵，嘴裡一邊嘟嘟囔囔的樣子還是有點奇怪，所以還請不要在眾目睽睽之下這樣做。你可以和「愛因斯坦法」一起在自己的房間裡進行。

利用發聲記憶的「反覆誦讀法」

1 出聲誦讀

2 堵住耳朵，出聲誦讀

3 堵住耳朵、閉上眼睛，出聲誦讀

打造超專注空間的「秘密基地法」

做為觸發專注學習的機制，前一小節介紹了利用「聲音」的方法，除此之外還有利用「空間」的方法，稱為**「秘密基地法」**。

意思就是打造一個不受任何人干擾的空間，集中精力學習。

一聽到「秘密基地」這個詞，多數人都會感到很興奮吧。這是很多人從小的憧憬，我當然也不例外。

上高中的時候，我想要打造一個只有自己才進得去的空間，就把自己房間的一角用布隔開，形成了只能放得進桌椅的狹小空間。這就是我的秘密基地。自從開始在這個空間裡學習以後，我的專注力一下子就提升了。

在狹窄的空間學習，本來就比在寬敞的空間學習效率更高。很多人都有過這種經驗：在圖書館裡分隔的自習室學習，會比其他時候更能集中注意力。同樣地，**在狹窄的空間裡，因為沒有多餘的東西會進入視線，所以可以專注學習、取得進步**。

如果能把自己的房間隔出一小部分使用，那當然再好不過；但並不是所有人都能擁有自己的房間。

你也可以隔出客廳的一角，或在無人使用的時間把浴室當作學習空間。如果所需時間不長，甚至可以把廁所當作學習空間。不僅限於家中，網咖、會議室、自習室等在一定程度上與外界隔絕的空間，都能當作學習空間。

狹窄且與外界隔絕的空間，是首要的條件。

一般來說，不想讓別人接近的私密空間（個人空間），是指自己周圍50公分內的區域。如果沒有別人進入這個範圍內，就能集中精神。這正好也是剛好能放得下書桌和椅子的空間，很容易想像出來大小。

不過就算空間狹小，也記得光線不要太暗，要確保學習所需的亮度。

第二個重點是「**消除誘惑**」。

簡單來說，這個空間是學習專用的空間。為了能夠專注於學習，不要帶入與學習無關的東西，也不要攜帶電子設備。因為一旦這些東西進入視線，就會不知不覺被吸引。

例如，有人會在學習的時候不知不覺地看起漫畫，這是因為漫畫放在同一個空間裡。徹底禁止漫畫太過不近人情，但建議你不要把它放在房間裡，想看漫畫的時候，可以移動到客廳等其他地方去看。

書桌也是一樣，不要放置多餘的東西。

大多數人都會把書桌靠牆放，但這樣的話就容易把各種東西都堆在上面，包括根本沒在用的參考書等等。這些也是影響專注力的主要因素。書桌上基本什麼都不要放，保持淨空的狀態。很多書桌有附帶書架，我會轉開螺絲把書架拆下來，並將教科書按照科目放入不同的收納箱裡，唸完就再放歸位。

而且，桌子如果靠牆擺放，你的身後就會有空間，注意力會被分散到後面的空間。背對著牆壁坐，更能集中注意力。

這個秘密基地就像是個「一旦進入那裡，就能好好學習」的按鈕。

如果無論如何都無法集中注意力，就不妨休息一下再繼續。「如果這邊不行，就換去另一邊；如果另一邊也不行，就再找另一邊」，只要透過改變場所開啟新的按鈕，一定會有所收穫。

當你擁有愈多能夠學習的環境和開啟學習的按鈕，愈能夠全心投入學習。

打造學習空間的「秘密基地法」

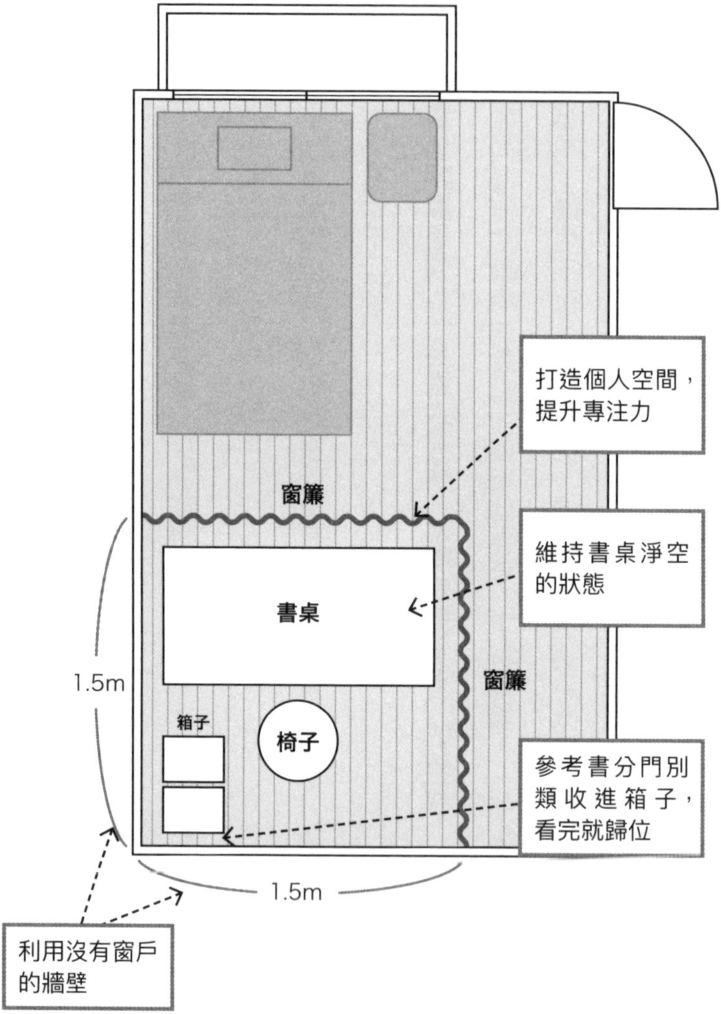

輕鬆提升閱讀速度的「速讀捕捉法」

一提到「速讀」，很多人都希望自己能閱讀得更快，但也有不少人會覺得「太難了」「我根本做不到」，敬而遠之。

的確，想要提升到現在閱讀速度的10倍或20倍是很難的，但提升3倍到4倍左右就很有可能。如果是提升到2倍速，相信任何人都能做到。

透過這個簡單的「**速讀捕捉法**」，就可以提升學習效率。

首先請從隻字片語開始閱讀。

看到「蘋果」這個詞的時候，我想沒有人會把「蘋」和「果」分開理解，而是把「蘋果」這兩個字合在一起來把握詞義。如果經常意識到這點，就能提升閱讀速度。

大部分的文章都是由名詞、動詞組成的。即使閱讀時忽略連接詞，只要捕捉到名詞和動詞，就能理解大概的意思。只要捕捉到名詞、動詞、數字這幾種關鍵字，就能夠實現快速閱讀。

以夏目漱石的名作《我是貓》的開篇為例。

我是一隻**貓**，到今天都還**沒有名字**。

我一直**不清楚**自己**出生**在何方，只隱約**記得**那似乎是個非常陰暗潮濕的**地方**，我在那邊**喵喵地叫**個不停。在那裡，我第一次**見到**了**人類**這種生物。那是一個「**讀書人**」。我後來才知道，在所有**人類**當中，**讀書人**是最惡毒粗魯的**種族**。據說那個讀書人經常把我們**抓起來煮了吃**。不過，當時不懂事的我對恐懼還沒什麼概念。我被他**放在手心**裡，又突然然**舉了起來**，那種晃悠悠的感覺是我唯一的記憶。等我在他的掌心上**冷靜**下來後，他的**面孔**就**出現**在了我面前。這大概是我出生以來第一次和傳說中的人類**碰面**。當時的印象至今仍深深**烙印**在我**腦海**中，那就是「人類真是一種奇怪的生物！」拋開其他的不論，單看他那張**臉**，原本應該**長著毛**的地方竟然像個**燒水茶壺**一樣光禿禿的。

捕捉文章中的名詞和動詞來閱讀，是不是比你想像中更容易理解呢？這個方法也很適合用於閱讀教科書和參考書的目錄。

大家都知道，目錄集中了高頻率使用的關鍵字，以及經常出現在考試中的關鍵字，因此也能用捕捉隻字片語的方式在記憶中留下印象。

此外，可以與速讀相結合的有效方法還有「速聽」。

閱讀速度慢的人，基本上都會在心裡默讀，這樣做就會比較費時。如果能夠養成速聽的習慣，就能夠像捕捉文章中的文字資訊一樣，迅速捕捉聽到的關鍵字。

現在有一些APP可以提升播放倍速，還有許多聽力教材。除了英語單字的CD和由配音員朗讀的有聲書等，你自己錄製的「自問自答」、平時常看的YouTube影片，都可以加速播放。

快速閱讀有很多好處。

因為是反覆多次閱讀，所以能讓記憶更加牢固。

考試的時候，很多人其實不是不會，卻會花費很多時間讀懂題目，最終沒能好好作答。如果經常進行速讀訓練，就可以避免這種情況發生。

此外，**因為每個時間單位的閱讀量增加，學習的進度也會跟著加快，能夠獲得成就感**。

例如，以前一小時能讀5頁，現在能讀10頁的話，不僅能獲得多讀了5頁的成就感，同時也能獲得自己竟然能讀完10頁的成就感。

想休息的時候，也能提示自己「10分鐘就能看完，等看完再休息吧」。

意識到自己「居然可以在短時間內做到這件事」，就能讓我們變得更加有自信，更加全心全意投入學習。

第3章

把「做不到」變成「做得到」！把不擅長的領域變成擅長的領域

把學會的內容寫下來

我多次了強調在短時間內取得成果的必要性。對學過的內容的回饋愈快，就愈能獲得成就感，更容易進入全心投入的狀態。

因此，「**記錄每天學會的內容**」是一個非常有效的方法。

記錄當天學會的內容，在很多關於學習方法的書籍中都有介紹，但卻很少有人真正去實行。

只要記錄已學會的內容，將其視覺化，就能切身感受到自己今天努力到什麼程度。

如果當天學會的內容很少，這也能成為讓人覺得「明天我要更加油」的動力。

在我的學習班裡，我每天都會讓學員彙報四項內容：當天的學習內容、學習時間、是否進行了第二章的「回顧學習法」中的回顧複習、是否用「睡前檢查法」做了睡前複習。

同時，我也會儘快對這些彙報給予回饋。如果比較早收到彙報，我就會在當天給予回饋；如果比較晚收到彙報，最晚我也會在第二天上午回覆。我會鼓勵他們「繼續加油」「這裡也再做一下吧」等。

這樣的回饋不僅能夠給予學員正確的指導，還有助於提升他們對學習的積極程度。

這個方法同樣適用於獨自進行學習的情況。

記錄的方法非常簡單。只需要寫出教材名稱、頁數和學習時間即可。

你可以用筆記本或數位方式進行記錄，雖然沒有第三者的回饋，你還是能自行檢查對於該領域的理解掌握程度。

關於這個檢查，畢竟是自我評價，所以沒有必要做得太細，只要用〇△×來表示出「學習情況佳」「學習情況普通」「未完成」這三個程度就可以了。

沒能完成的內容，要儘量在短時間內解決。這樣就能更快體驗到成功的感覺，獲得更多成就感。

使用「睡前檢查法」寫在A4紙上的內容，用完以後可以扔掉；但每天的學習記錄還是建議留下來，以便客觀地瞭解自己的學習進度。

這樣的自我分析，正是聰明人都會去做的事。透過自我分析，他們能夠明訂目標；為了獲得成功，他們會自動自發地想出各種方法完成任務。

順帶一提，我高中時寫過一本叫作「學習儲蓄」的筆記。上面簡單記錄了學習內容和學習時間，並將學習時間按照存摺餘額的方式記錄在上面。

儲蓄時間和儲蓄金錢的感覺一樣，會產生相當大的成就感。每個月計算一次總時間，並設置類似「超過三千分鐘就可以玩這個遊戲、看幾本漫畫」的交換條件，可以提升學習的動力。

我想起一位以榜首之姿考入東大建築系的朋友曾說，他如果每個月不向父母提出學習計劃，就拿不到零用錢。零用錢也可以當作每天進行自我分析的獎勵。

只要在短時間內反覆給予自己回饋，藉此獲得成就感，人人都可以全心地投入學習。

讓你全心投入學習的3大守則

剛才講到，聰明人都會進行自我分析。其實不僅是針對學習內容，對於學習專注度，也有必要進行自我分析。

很多人雖然使用了前面介紹過的學習方法，也抱持著要學習的心態，有時卻仍然感到無法全心投入其中。

這種時候，你可以試著做一下自我分析，看看是什麼原因造成的。為了能夠做到全心投入，需要遵守3個守則。

守則 1 快速回饋

第一個規則是前面介紹過的「**明確目標，快速回饋**」。如果目標明確，回饋速度快，就可以每天都獲得成就感，實現沉浸式學習。

守則 2 可以控制

第二個規則是「**能夠自己控制當時的狀況**」。

例如，下週的英文考試迫在眉睫，已經到了不學習英文不行的程度；但如果被其他學習任務佔了時間，或老是想著要休息，就不能算是全心投入。

出社會以後，很多人會一邊工作一邊學習。因此，你需要掌控好自己該做的事情，並進行相對應的調整。如果能打造出便於集中精力的環境，就更容易做到全心投入。

守則3 保持平衡

第三個守則是「**讓自己的學習能力和目前學習的內容保持平衡**」。

正如第一章所述，設定高遠的目標，勇於邁出第一步是好事；但如果所做的事情與能力不符，就不會有效果。

目標愈高，參考書的等級就愈高。如果在學習剛開始的階段，就去做東京大學的歷年考題，肯定過於勉強。

所謂「欲速則不達」，一定要腳踏實地，去做符合自己能力水準的事情。

如果目標與自己能力相符，就能夠朝著目標順利前進。如果對此還不滿足，就能設定稍高於自己實力的目標，只要努力就能實現，這也是一種提升自己的方式。

以上的3個守則適用於任何學習，是用來判斷你是否全心投入的標準。

只要做到這三點，就能做到真正的全心投入，順理成章地讓學習成績有所提升。反之，如果沒有做到全心投入，一定是這三個守則中至少有一項沒有做到。

要經常審視自己是否遵循這三大守則，經常進行自我分析，以確認自己的不足之處。

輕鬆瞭解自己學習能力的方法

在此，我將詳細講解前面提到的守則③「讓自己的學習能力和目前學習的內容保持平衡」。

如果所做的事情不符合自己的能力水準，當然無法全心投入。如果想確認自己是否有達到平衡，就需要分析自己的現狀。

在我的學習班裡，所有的學員都要回顧自己迄今學習了什麼東西，這樣我就可以掌握學員的「現狀」。更具體一點來說，「現狀」是指學員現在的學習能力和志願學校或目標資質之間的差距。

在掌握差距的基礎上，確定該使用的參考書。一般來說，這種差距應由專業人士進行判斷，不過下面這個方法，能讓你即使一個人也能輕鬆進行判斷。

那就是看看你預計參加的考試的歷年考題。

等級1 完全不會

先試著做一下，看看自己會不會這些題目。即使做不出來也不必灰心，沒有人從一開始就什麼都會，這些考題只是為了幫助你掌握學習現狀而已。

如果連題目都看不懂，或是看完答案以後還是不懂的話，你就是處於初學者階段，應該從基礎入門開始。

你可以從圖解入門書以及國中水準的初級教材開始重新學習，逐步提升程度。

很多人感覺自己學得不錯，嘗試去做歷年考題時，才意外發現自己根本不會。如果一直自我感覺良好、一味追求高等級的學習，就會學得愈來愈不明不白。所以不要怕丟臉，要回到基礎入門等級重新學習。

等級 2 不知道答案

這個等級的人能夠理解題目的意思，但卻不知道該如何作答。雖然不算是初學者，但仍然屬於初級水準。這時你應該從簡單的教材著手，如果學習一陣子過後還是覺得很困難的話，就再回到基礎入門等級。

等級 3 看完答案解析就懂了

有的題目會做，有的題目不會做，或者看完答案就懂了的人，建議先快速做些簡單的題庫，之後再學習與正式考試相同水準的教材。

等級 4 有一定程度理解

對每道題目都有一定程度理解的人，建議就以歷年考題當作學習主軸。任何考試都不會超出以前考過的題庫範圍。歷年考題做得愈多，就愈瞭解自己不擅長的領域，要攻堅的問題也就愈明確。

再重複一次，以上列舉的這四個等級的共通點是「**不必害怕回到上一個階段**」。即使回到初學階段，也不要抱怨「怎麼又要從基礎開始學」，要腳踏實地、穩步前進。愈是難度大的考試，人就愈容易焦慮；如果不顧一切只想前進，就本末倒置了。

請將「欲速則不達」這句話銘記於心。

想像「要做的事」「不做的事」「實現的事」

絕大多數的考試都有期限。

學生時期的大考等測驗當然不用說，社會人士的資格檢定考試也都有期限。不先定好期限，只知道糊里糊塗地學習是不行的。首先要確定自己什麼時候要參加考試、什麼時候要考取資格證等具體的期限，否則就很難實現目標。

一旦確定了期限，就要開始想像這些事。

首先，就是直到考試之前都「要做的事」。

例如，市面上有無數針對多益考試的參考教材，如果全部都做完的話，一定能輕鬆地通過考試吧？但這在現實中是不可能的，而且也沒有必要全部都做。**最重要的是一定要好好思考，有選擇性地去做。**

即使別人建議你「做這個比較好」，也不要人云亦云，**要有自己的判斷，根據自己的意願來決定。**

而且，**要徹底且明確地想像一下自己要做的事。**決定選擇哪種參考書、選擇多少本，什麼時間之前要完成。透過具體想像，可以使目標更加明確，更容易實現。

想像「要做的事」的同時，也希望大家想像一下「不做的事」。實際上，決定「不做的事」要比想像中困難很多。

因為愈希望考試成功，就愈感覺不安，就愈是什麼都想做。

但是，一旦決定了要做的事，也就相當於決定了不做的事。

當要做的事變得明確，不做的事也就應該很清楚了，就把注意力只集中在要做的事情上吧。

例如，如果在即將到來的考試中，主要會考的地方是近現代史的話，那麼在優先順序選擇上就不會把古代史排在前面。

接下來，再**想像一下「實現」的感覺**。實現分為兩種類型。

一個是**「對實現本身的想像」**。這是透過我的學生瞭解到的。

當學生問我「做完這本練習題能到幾分」的時候，我回答「能考到70分」；因為我意識到對他們來說，取得具體分數的實際印象非常重要。

你也可以稱其為「目標」。在學習的時候，要帶著「把這本練習題做完，就能讓模擬考成績提升10分」的具體印象去努力，這樣才會產生明顯的效果。

另一個是「**對實現以後的想像**」。這在序章中也有所涉及，其實這種想像是最有效的。

我當年曾經非常具體地想像大考之後公布成績時的感覺。

在我的腦海中，不僅有「太好了，我考上了！」的畫面，甚至還具體想像過自己帶著全家人一起去看放榜成績，撥開人群來到公告欄前面的情景。

在國中升高中的放榜現場，雖然我很想自己找到自己的准考證號，但還是被父親先找到了。我經常在腦海中反覆回憶那個場面，回味考上時的喜悅。

學習動力不足的人，也許是對實現願望以後的想像不足。

只要經常蒐集相關考試資訊，與先前考上的前輩聊一聊，就能夠更具體地想像出實現願望時的興奮之情，也更容易全心投入到學習之中。

一個人學習是孤獨的。

當你遇到挫折、快要堅持不住的時候，這種想像可以成為你的動力，助你一臂之力。

請試著感受自己被另一個自己所鼓勵的感覺，經常在腦海中想像這種畫面。

坐在書桌前不等於學習

大家平時都在哪裡學習呢？

估計大多數人都是坐在書桌前學習吧。

我問過我的學員都在哪裡學習的，有的人是在自己的房間、有的是在學校、有的在自習室等；但無論場所在哪裡，每個人都是坐在書桌前學習，沒有例外。

在第二章的「愛因斯坦法」中我也提到過，那些聰明人並不是只坐在書桌前學習的。

我自己在準備考試的時代，無論是在浴室、廁所，或是移動過程中，都在學習。所謂的移動過程，不僅包括乘坐電車和汽車等交通工具的路上，還包括從家中的客廳走到書房等所有的移動過程。

也就是說，**任何地方都可以成為學習的空間**。

這時的我，完全沉迷於如何在短時間內高效完成學習這個遊戲中。如果一直坐在書桌前會感覺身體很累，大腦的血液循環也會變差。所以我認為長時間坐在書桌前學習的效率，其實非常差。

我們從國小開始，就被灌輸了一種「學習時應該要坐在書桌前」的意識。

當父母叫你快去唸書的時候，一定是你沒有坐在書桌前的時候。反之，如果你坐在書桌前，即使是在偷偷地看漫畫，父母也很可能會認為你在學習。

這種固定的觀念已經根深蒂固，造成很多人只要一坐到書桌前就會感到心煩。

首先，要摒棄這種刻板印象。無論哪裡都可以學習，先嘗試換個地方學習吧。

躺在床上、坐在沙發上都可以學習，當然也可以邊看電視邊學習。就算進度很少，一大半時間都在看電視也沒有關係。

我問了京大的同學們，幾乎沒有聽過有人是完全坐在書桌前學習的。而且，以學生的學習能力超強而聞名的芬蘭，據說那裡的學校沒有書桌，學生們是隨意坐在坐墊、沙發上等自己喜歡的地方學習。

被束縛在教室這個空間裡和固定的座位上，而且必須一直保持同一種姿勢，這種被強迫的感覺會直接給人一種「學習很痛苦」的負面印象。從這一點來看，**轉換學習場所可以提升學習效率**。

要一下子改變全部的環境很困難，你可以在做得到的範圍內試著改變。如此一來，你的意識也會產生變化，讓學習變得更加快樂。

擺脫「學習很痛苦」的負面印象，回歸自由和快樂吧。

想辦法享受學習

該怎麼做，才能消除「學習很累、很痛苦」的負面印象呢？

我經常聽到學員抱怨「學習太難了，我抓不到訣竅」，一旦陷入這種負面想法中，就會把所有的精力都集中在如何克服困難上面，逐漸脫離了對學習全心投入的狀態。

不要忍耐痛苦的負面情緒，而是要**思考「怎麼做才能讓學習變得有趣」**，**並付諸實行**。

正如前面所講的，任何學習都有其有趣之處，正因為有了沉迷於這些有趣之處的前人，知識學問才能發展到如今的程度。但這種有趣之處，並不是輕而易舉就能找到的，需要花費一些時間。

為了更快發現學習的有趣之處，你需要自己下一番工夫。

例如，參考書中並不是所有內容都很困難。

在學習歷史的時候，僅僅羅列史實很難記得住；但如果歷史內容是以漫畫形式呈現，就能夠理解這些人物懷抱什麼樣的情感，也就能掌握各種事件的來龍去脈。

像這樣以情感為焦點，「讓學習變得像追劇」是很好的方式。當然，其他科目中也有很多既簡單又有趣的內容。如果能以這些內容為線索，發現其中的有趣之處，就再好不過。

這不是為了克服學習的痛苦，而是為了享受學習的樂趣。

我經常對我的學員們說：**「既然無論如何都得努力，那就不要做無效的努力，而是要做成功的努力。」**

無論做什麼事，最重要的是要樂在其中。**覺得痛苦的人，最終一定戰勝不了樂在其中的人。**

「無聊」「辛苦」「無法忍受」……

告別這種痛苦的學習吧。

我在學習自己不擅長和不喜歡的科目時，會在書封寫上「簡單，快樂！」這幾個醒目的字。

有時我還會跑去KTV裡學習，每當學累了、感覺喘不過氣來，就盡情地熱唱一曲，然後再接著學習。

此外，我還想了很多辦法，例如把參考書當作劇本，充滿感情地朗讀；或是和朋友賭一頓飯，用考試成績一較高下等等。

不要努力忍受痛苦，而是要努力讓痛苦的事情變得快樂。

學完卻沒學懂，該怎麼辦？

「學完卻沒有學懂，覺得很困擾。」

這是學員們經常來向我諮詢的問題。

這種問題一般不會在學習初期產生，而是在學到一定程度後經常出現。我會先正面回應學員：「這種情況正是你不斷進步的證據。」但被問到「哪裡沒有學懂」的時候，卻有很多學員答不出來。

這時我會接著問「是這裡嗎？」學員再回答我「不是那裡，是這個地方」……透過這種溝通，多數學員都能豁然開朗：「啊，我懂了！」

也就是說，**如果明確知道到底哪裡不懂**，**就有可能在溝通的過程中弄懂**。因此，最重要的是要**明確找出自己到底哪裡不懂**。

如果有不懂的地方，去問別人是最快的方法。我的學習班中設置了隨時都可以進行任何提問的班級，根據科目確定負責講師，學員們的提問基本上都會在當天內解答完畢。

話雖如此，如果是自己一個人學習，就沒有辦法去問別人。這種情況下，有兩種解決方法。

一種方法是「**先跳過，繼續往後學**」。

這種方法跟學習內容相關，如果只是略有不懂，只要繼續往後學習，有可能就能理解前面的問題了。例如國文等科目就是這樣，當後面出現具體的例子，可能就會弄懂前面出現的問題。

另一種方法是「**果斷回到上個階段**」。

如果沒有弄懂就無法繼續下去的話，就要重新回顧一下入門階段的內容。特別是英文等累積式的科目，不懂就回到上一階段是最好的捷徑。

遇到不懂的問題時，不必過於消極。

知道自己有什麼樣的疑問，正是你的學習已經接近全心投入狀態的證明。

因為在這種狀態下，你無法對不懂的問題放任不管，非得解決它才行，所以你的學習水準將會得到很大的提升。

另外，在確認具體哪裡不懂的過程中，你也有可能忽然就弄懂了。很多時候，懂與不懂其實只有一步之遙。從不懂到懂的過程是一種成長，也是全心投入學習的契機。

戰勝睡魔的5個方法

除了學習內容本身，在其他與學習相關的煩惱中，最多人反映就是學習的時候容易打瞌睡。特別是在出社會之後，大部分人都是白天忙於工作，晚上回家後再學習的模式。在這種情況下學習，覺得想睡也是情有可原。

在這裡，我將介紹5種幫助你戰勝睡魔的方法。

深呼吸

感到想睡的主要原因之一，是大腦中氧氣不足。

透過進行深呼吸，可以增加氧氣量，消除想睡的感覺。但如果到了已經睏到不行的狀態，這種方法基本上就沒有用了，請在剛開始感覺有點睏的時候使用。

呼吸法有很多種，在這裡介紹一個簡單的方法。基本做法是慢慢地將氣全部呼出，再用鼻子慢慢吸氣，這樣重複3次即可。

營造沐浴晨光的環境

想睡的原因可能來自平日的睡眠品質不佳。

只要沐浴在晨光中，人類的大腦就會分泌「血清素」這種促進覺醒的物質，從而維持身體機能的平衡。

血清素還能促進睡眠激素「褪黑激素」的分泌，只要增加血清素，睡眠品質也會一併提升。

過去的人們過著日出而作、日落而息的生活，自然而然就能維持生理節奏；但在現代，即使夜晚也亮如白晝，所以生理節奏很容易混亂。

重置生理節奏最好的方法就是沐浴在晨光下，但這可能很難做到。所以，我們可以用市售的可調光檯燈來代替晨光，我自己也在使用這種檯燈。你可以將它設定為從起床前30分鐘開始逐漸變亮，使自己能夠自然清醒過來。

睡前泡個澡

只要在睡前泡個熱水澡，就能促進身體的血液循環，放鬆情緒，讓你睡得更香。第二天應該就能夠戰勝睡魔。

所謂睡前，不是指泡完澡就馬上睡覺，大約在睡前1小時泡澡是最好的。

只要人體溫度下降，人就會開始想睡。由於剛泡完澡身體還很暖和，體內溫度較高，即使想睡也會感覺精神振奮，所以最好在泡完澡1小時後再躺下。

泡澡時的水溫不要太高，在攝氏40度左右有助於放鬆身心。

做伸展運動

泡完澡以後，做做伸展運動吧。

我推薦你使用棒狀的瑜珈滾筒，每次躺著伸展10～15分鐘。只要這樣做就能進行開胸運動，讓你更好進行深呼吸，也能夠提升睡眠品質。

現代人的呼吸深度整體偏弱，所以要有意識去鍛鍊，讓你的胸腔可以打開。

這樣做還能增加身體的柔軟度，可以促進血液循環，活化你的大腦。只要在平日養成伸展的習慣，就能更容易集中精力學習。

抗藍光

我們平時使用的電腦螢幕和智慧手機螢幕會發出藍光，這種光線具有覺醒作用，容易對睡眠產生不良影響。

我在晚上9點以後，都會配戴抗藍光眼鏡進行工作。因為我有近視，所以戴的是有度數的抗藍光眼鏡，也有無度數的抗藍光眼鏡，沒近視的人可以選擇這種。

很多人有睡前看手機的習慣，建議你在晚上將手機畫面亮度設置為自動變暗的「夜間模式」。我自己設定的是到晚上9點就自動切換亮度。

如果可以的話，儘量在配戴抗藍光眼鏡的同時使用「夜間模式」。

在日常生活中多注意以上這些問題，就能提升睡眠品質，讓你在學習過程中不容易打瞌睡。我的學員中，有許多人都透過改善睡眠提升了學習效率，進而提升成績。因此，請大家一定要重視睡眠。

改變飲食習慣，提升專注力

前面說到學習時容易想睡，其實飯後也是如此。

「一吃飽就想睡覺。」

每個人應該都有過這種感覺，這是飯後血糖值急遽上升的緣故。尤其當食物中的碳水化合物過多時，這種傾向會更加明顯。

早中晚三餐都不宜吃得太飽，尤其是晚上更要少吃為佳。

如果在吃得很撐的狀態下睡覺，睡眠品質會變差，影響到第二天的精神狀態。學習時經常打瞌睡的人，還請重新審視一下自己的飲食習慣。

飲食習慣對大腦的活動也有很大的影響。

葡萄糖是大腦所需的營養素，所以碳水化合物的攝取不可或缺，如果能和豬肉、豆類、花椰菜等含有維生素B1的食物一起吃，可以幫助碳水化合物轉換為葡萄糖，有助於提升專注力和記憶力。

秋刀魚、竹莢魚、沙丁魚等魚類中含有的不飽和脂肪酸（DHA、EPA）具有改善血液循環的效果，能夠提升行動力和判斷力。

除此之外，黃豆、堅果、雞蛋等中含有的卵磷脂具有促進神經傳導物質生成的作用，也有助於活化大腦。

大家常說的「下午3點吃零食」的做法，從大腦的活動規律來看，可說是相當合理的習慣。

這樣做不但能幫助你在午餐後最容易想睡的時段恢復精神，由於補充了做為大腦能量來源的糖分，也能提升學習和工作效率。

但如果吃得太多，營養反而無法到達大腦，準備一塊巧克力是不錯的選擇。我在競技歌牌比賽之前，經常會用巧克力來補充能量。

在學習和工作之餘，很多人都會喝上一杯飲料，但建議你最好選擇喝紅茶。

荷蘭一位科學家的實驗研究結果表明，紅茶中所含的茶氨酸和咖啡因具有提升學習工作專注力的作用。

前面提到過，葡萄糖能夠為大腦提供能量，葡萄糖和咖啡因的組合則可以提升工作效率，所以可以在紅茶裡添加少量砂糖。

此外，檸檬比牛奶更適合加入紅茶中。因為檸檬汁中含有可代謝疲勞的「檸檬酸」，能夠緩解疲勞。如果你經常感到想睡，可以試著減少米飯的量，改喝檸檬茶。

在我的學員中，**有些人總是會責備自己，認為學習時常打瞌睡是因為自己意志力薄弱，缺乏幹勁。但事實並非如此，單純只是飲食習慣的問題。**

在改善飲食習慣的時候，請一定要先瞭解「**第二餐效應**」（Second-Meal Effect）。

這個概念是在一九八二年由加拿大多倫多大學的詹金斯博士提出的，是指最初的飲食（第一餐）對下一餐（第二餐）血糖值上升的影響。

如前所述，一旦血糖值上升人就會想睡，為了抑制血糖值的上升，你可以攝取一些膳食纖維。

根據第二餐效應，只要在需要集中精力的時段的前一餐開始攝取膳食纖維，就能避免產生想睡感。

例如，如果總是不到睡覺時間就開始打瞌睡，午餐可以多攝取膳食纖維，這樣能夠抑制晚餐時的血糖值上升，讓人不容易想睡。和水煮蛋、優酪乳等發酵食品、豆製品一起吃的效果更好。

雖然飲食習慣很難在短時間內全面改變，但一定要有意識地去控制它。
重新審視並改變自己的飲食習慣，能夠獲得超乎想像的效果。

把無趣的世界變得有趣的「承諾書」

到目前為止，我已經向大家介紹了很多如何全心投入學習的方法，接下來再向大家介紹一個終極方法——「承諾書」。

「承諾」是指約定、委任等意思，銀行在契約範圍內履行融資約定，有時也會使用「承諾書」。

我將這種承諾書用於堅持學習方面，雖然與真正意義上的承諾書略有不同，但獲得了家人和朋友的協助，他們成了我的合約對象。

設定好目標，如果實現了就能獲得回報，這是很常見的合約形式。

與此同時，我還把無法實現時的懲罰也約法三章，並簽訂了合約。這正是所謂的「糖果和鞭子」。

重點在於鞭子的比重要大於糖果，這樣就會產生「絕對要實現」的意識，並為了達到這個目標努力。

在我的學員中，獎賞的設定因人而異；但在懲罰方面，絕大多數人都會寫下「某段時間內不能碰手機」。

的確，不能碰手機真的是件令人頭痛的事情。還有學員把懲罰設置為「捐款」。先把現金放到朋友那裡，如果不能實現目標，就讓朋友用這個錢買喜歡的東西。但無論哪種懲罰，都很少有機會用到。

說到底，這只是激發動力的終極手段而已。但只要抱持這種輕鬆玩遊戲的心態，學習很快就能變成有趣的事情，這一點請大家一定要記住。

「**讓這無趣的世界變得有趣吧**。」

這句話是日本幕末知名政治家高杉晉作的辭世之句，也是我的座右銘。

對於那些看似無趣之事，如果僅僅因為沒有意思就不去做，那就太可惜了。

如果感到無趣的話，只要自己想辦法讓它變得有趣就行了。

如此一來，任何事情都一定能變得有趣。只要讓自己感到開心快樂，接下來就能勝券在握。你的成績會自動提升，回過頭來可能就發現自己已經實現了目標。

第4章

用聰明人的習慣，讓你持續快樂學習

將沉浸式學習與日常習慣結合

「孩子一直沒辦法養成學習的習慣，該怎麼辦呢？」

這是很多學生家長經常問我的問題。

確實，即使掌握了學習方法，如果無法堅持下去就不會成功。如果想堅持學習，有幾個訣竅。

最簡單快速的方法，**就是將學習和每天已經養成的習慣結合**。例如決定「搭接駁車的時候要聽英文教材」「上班搭車通勤的時候一定要學習」等等，這樣就可以毫不猶豫地每天持續下去。

你還可以將學習放在日常生活中必不可少的事情上。泡澡是最適合的事情之一，如果能把這個時間用於學習的話，一定能養成習慣。

我從小就會在浴室裡學習。國小的時候，我在浴室的牆上貼了一張特殊的日本地圖，只要澆上熱水就會出現文字。我就一邊泡在浴缸裡、一邊背地名，之後又換成世界地圖，進而記住了世界各地的地名。只要這樣做，即使沒有刻意培養，也能夠自然而然形成學習的習慣。

如果只想在浴缸裡好好放鬆，就不用非強迫自己學習不可。但如果覺得光只是泡澡太浪費時間，請一定要把這個時間轉換成學習的時間。

在浴缸裡學習需要不怕水的教材，我特別推薦把想記住的內容寫在紙上，再護貝起來。

現在的護貝機只需要幾千日圓就能買到，自己也能輕鬆製作。此外，甚至還有些泡澡時專用的學習參考書，可以購買這類書籍。

洗頭的時候無法看教材，推薦使用防水耳機或浴室防水喇叭，透過播放聲音來學習。你還可以播放透過第二章的自問自答法錄製的內容，高效實現自動化複習。

如果養成了這種學習習慣，即使不特意抽出時間，每天的學習時間也能延長20至30分鐘，有效提升你的學習效率。

另一個任何人都必須去的地方就是「廁所」。

建議大家把想學習的內容貼在廁所的牆上。

但與泡澡不同，我們通常不會在廁所待太久，所以不建議學習新的知識點，最好是將迄今為止學過的和預計要學習的目錄貼在牆上。

只要將這些內容整理成一頁，看起來就一目瞭然，也會有更好的學習效果。養成在廁所學習5分鐘再出來的習慣，就能夠提升學習效率。

做「讓人覺得很厲害」的事

我曾在3個月內成功減重12公斤。

「因為競技歌牌的名人戰在即，所以我想變瘦一點，才能夠更有利地做動作。」雖然我是有這樣的想法，但如果單純只是因為這個原因，完全沒必要把體重減輕那麼多了。」

促使我下決心減重的更重要原因，是一位要好的朋友說了一句話：「最近你有肚子

因為我和這位朋友約好了在3個月後，也就是名人戰前後的某個時間再次見面，我很想到時候讓他大吃一驚，讓他對我刮目相看：「你居然3個月內瘦了這麼多，太厲害

了！」所以我才下決心進行減重。

在外人看來，我是為了名人戰才瘦下來的；但其實我真正的減重動機，只是想聽到朋友對我的讚歎而已。

「為了名人戰而瘦身」是個乍聽很崇高的理由，但真正引發積極動力的，反而是那些很單純的欲望。

從這個減重的故事可以看出，要想實現目標，需要3個關鍵。

第一個關鍵是「**獲得讚賞**」。

每個人多少都會有想被認可的欲望。IG等社群平臺之所以蔚為風潮，也正是因為這種希望別人看到、希望受人讚賞的欲望。

只要獲得別人的誇獎，就滿足了被認可的欲望；想繼續受人讚賞，就需要繼續加油堅持下去。

很多事情之所以能夠堅持到底，最大的原因都是因為能夠得到別人的認可和讚賞。

第二個關鍵是「**數字目標**」，第三個關鍵是「**時間軸**」。

在我減重的例子中，我的數字目標就是「12公斤」這個看起來很難實現的數字，所以才會讓周圍的人如此震驚。

「3個月」的這個時間軸也很短。即使減掉相同體重，如果花費的是3年的時間，根本不可能有這麼大的衝擊性效果。

正是因為「3個月減掉12公斤」這兩個數字加起來，才會讓人對我刮目相看。每當我想到自己瘦下來時朋友和周遭人們的驚訝表情，我就會非常興奮，甚至可以說我正是為了看到這種場景，才能將減重堅持到底。

這3個關鍵也可以直接用到學習上。如果在短時間內成績直線上升，我相信你一定會受到周圍人的讚賞。

到目前為止，我已經介紹了很多達成學習目標的方法，只要掌握了其中的要點，就可以輕鬆地達成目標。

學習和減重，這兩件事其實非常相似。

能夠成功減重的人，學習的時候也一定能夠實現目標，反之亦然。

迄今為止經常遇到挫折的人，請一定要設定一個能夠讓別人覺得很厲害的目標，然後重新挑戰。

為自己製造良好的回饋

如前所述，人受到讚賞後受到認可的欲望得到滿足，內在動力就會提升。

對於自己的學員，我只要感覺到他們有在努力，就會立即給予讚賞。

人一旦獲得讚賞，就會感到很安心，能夠繼續輕鬆向前邁進。

但如果是自學，就很難獲得別人的誇獎。因此需要自己宣傳學習成果，打造一個能受人讚賞的地方。

過度宣傳容易惹來反感，會被人認為是在炫耀；但隨著社群平臺的發展，宣傳自己這件事變得愈來愈方便和自然。

和過去相比，現在每個人都能透過各種社交平臺隨心所欲地宣傳自己，因此一定要好好利用這種方法。

我在重訓的時候，經常會參考別人是怎麼鍛鍊、肌肉有什麼樣的變化，進而定下「我也要加油！」的決心，增加自己的動力。

同樣地，在社群平臺上傳自己的競技歌牌練習後，也會獲得許多觀眾點讚。正是因為滿足了被認可的欲望，我投入到歌牌練習的積極程度也獲得相當大的提升。

如今很多人都有自己的網路學習帳號。有助於蒐集更多有關學習的資訊，還可以交到正在準備相同考試、志同道合的朋友，這是一種很好的資訊交換方式。

但與此相比，網路學習帳號更重要的作用，就是透過上傳自己的學習內容來獲取他人的關注，滿足自己被認可的欲望，進而有效提升自己全心投入學習的熱情。

據說在某所私立升學高中，學生之間經常互相展示學習成績，進行討論學習。

我認為，除了網路世界之外，在現實世界中與別人互相展示也是件很好的事情。

如果想獲得更好的成果，有效的引導方法愈多愈好。

如果我們既有「我做到了」的成就感，又有因為被認可而產生的自我肯定感，就一定能不斷取得成功。

提升動力最簡單的方法，就是贏得別人的讚賞。

連結看似不相干的事物，讓學習無所不在

還記得第一章提過的「多重潛能者」話題嗎？

聰明人和專注於學習的人，可以將不同領域的事物相互連結，創造出新事物。

他們很擅長找到別人看似不相干的事物間的共通點，並加以靈活運用。

即使對這些事物只是一知半解，由於他們早就建立好自己的知識記憶庫，一旦遇到與已知事物類似的新知識點，這些人馬上就能夠回想起來，並運用邏輯和聯想力融會貫通地吸收新的知識點。

將事物連結在一起進行思考，就能不斷產生新想法，也能讓學習變得更加快樂。當你意識到的時候，已經順理成章地實現了對學習的全心投入。

聰明人會自然而然地進行這種連結作業，一旦養成習慣，就能夠提升實際應用的能力，也可以取得全心投入的專注力。

蘋果共同創辦人史蒂夫・賈伯斯（Steve Jobs），在二〇〇五年美國史丹佛大學的畢業典禮上的演講中，曾說過要「串連人生的點點滴滴」。

賈伯斯從大學退學後，花了一陣子做自己喜歡的事情，這對蘋果公司的產生有著很大的影響。

「串連人生的點點滴滴」，也就是說即使是點點滴滴的零碎經驗，將來也會以某種形式連結起來。在和很多頂尖大學的學生，以及頭腦聰明的人聊天時，我發現他們都有共同的「連結感」。

仔細想想，在《哆啦A夢》裡出現的很多道具也是如此。

例如將「竹蜻蜓」和「直升機」組合而成的「竹蜻蜓飛行器」（Hopter），「翻譯」和「蒟蒻」結合而成的「翻譯蒟蒻」等，都是將看似不相干的東西連結在一起構成。就算只是想像一下有這樣的東西，也一樣能夠提升思維能力和創新能力。

養成將各種事物相互連結思考的習慣，就能增加知識的深度，也能增加知識之間的關連性。

這種感覺和「學以致用」的感覺非常相似。

不要讓你學到的東西停留在死背硬記的階段，要將它變成能夠實際應用的能力。為了鍛鍊這種能力，首先要建立「學習無所不在」的意識。此外，還要養成「經常思考如何學以致用的習慣」。

一旦建立了「學習無所不在」的意識，日常生活中的所有一切都會對學習產生積極的作用。

如果能經常思考如何學以致用，養成思維習慣，就能培養出「**抓住問題核心**」的能力。

只要改變平時的意識，你就會發現學習其實無所不在。

把你的時間跟金錢賺回來

大家應該都有過這種經驗，去吃吃到飽的時候，為了把花出去的錢吃回來，結果讓自己撐得半死。至少我有這種經驗。

人是一種只要付出了金錢，就想要回收成本的生物，這就是第一章中介紹的「沉沒成本」。如果能妥善利用這種效應，就能幫助你全心投入學習。

準備參加資格檢定的人，要先交錢報名，利用不能浪費報名費的心態學習。

這個方法非常有效，而且還可以避免以「這次還沒做好準備，下次再報名」的藉口拖延。

與此類似，如果已經在學習上花費了很多的時間，就會產生「如果放棄就太可惜了」的心態。

我在大考前，不僅透過記錄學習時間獲得了成就感，還產生了一種「已經學了這麼久，不堅持下去就太可惜了」的心理。

你可以透過手機應用程式來記錄學習時間。只要記錄下來並將它視覺化，無論是從獲得成就感的意義來看，還是從促使自己堅持到底的意義來看，都非常有效的，請務必實踐看看。

- **累積金錢和時間**

←

- **想回收成本，感覺放棄很可惜**

←

- **繼續堅持學習**

如果能建立這樣的流程，一切就都胸有成竹了。

我覺得大家之所以能在高價健身中心減重成功，很大程度是因為先付了錢的緣故。都已經花了好幾十萬日圓，如果不能瘦下來的話就太浪費了！這種心態使得很難堅持下來的減重成為可能。

一直以來，我不僅在學習上，在學習以外的事情上也會堅持要打造「儀式感」。讀研究所的時候也是如此。當時我非常沉迷於擲飛鏢。那時我每天都會連續練習5～6個小時的飛鏢，為此也花了不少錢。

我不僅自己買了飛鏢，為了能自己在家練習，還買了練習靶，甚至還從京都跑到橫濱找專家上課。現在想想，真的花費不少成本。

無論做什麼事，如果想持續投入其中、沉迷其中，都需要有能量來源。

很多事情在剛開始做的時候很開心，一旦感到力不從心就會開始煩惱。在這種時候，就需要用花費了這麼多時間和金錢的事實，來讓自己堅持下去。

從略感興趣到樂此不疲

有句話叫作「愈嚼愈有味道」。

無論做什麼事，如果從一開始就能全心投入當然再好不過，但這很難做到。

例如學習英文的時候，會覺得背文法和單字很枯燥乏味，很難堅持下去。但如果能克服這一點，學習英文就會逐漸變得有趣起來。

如果在閱讀原文書時，忽然發現自己看得懂了；或是在看外國電影時，發現很多內容自己都聽得懂，就會產生很大的成就感。

這樣的話，自然會產生想要繼續學習下去的動力。

我目前從事教學工作，在學習班裡擔任英文科主任，但我並非從一開始就擅長英文。我在小學低年級的時候參加了英語會話培訓班，這個會話班有很多遊戲元素，所以我可以快樂學習，但對於文法則是完全不懂。

後來我在英檢專門補習班裡又學了一年，仍舊沒能完全掌握文法重點。但在小六的時候，我開始在搭車的時候聽起英語故事，也在母親的幫助下紮實掌握了英文最基礎的部分，以這兩件事為契機，我逐漸學懂了英文。最後，我跳過英檢五級檢定，直接考過了四級；接下來又通過了三級檢定，並在國二時通過了二級檢定（注：相當於全民英檢中級）。

我畢生愛好的競技歌牌也是一樣。競技歌牌首先需要記住每個牌面的內容，被公認為非常有難度的記憶競技。不過一旦跨越這個困難，玩起來就會變得愈來愈開心。特別是達到四段以上的A級以後，就會從單純快速抽取歌牌的比賽，轉變為與對手鬥智的戰略性競技，比賽會變得既有樂趣又充滿魅力。

話雖如此，在找到學習的樂趣之前，我們很難始終如一地堅持努力學習。

不要突然拍拍胸脯保證自己「絕對能堅持下去！」為什麼叫你不要這樣做呢？這是因為萬一遇到無法堅持下去的時候，我們會因此受到很大打擊，失去再次挑戰新事物的勇氣。

即使沒能堅持下去，你也完全不必自責。

只要「曾經學習過」，就算只有一點點，也有很大的意義。

每個人都會有一兩個自己一直想做，但始終沒成功的學習項目。

當你想要再次學習的時候，就能比完全從零開始的人更加順暢地投入學習。

你不知道學習的契機會出現在什麼地方，**即使是微不足道的小事，也有可能成為你學習的動力，瞬間提升積極程度，促使你全心投入其中。**

正因為如此，這種「邁出第一步」和「曾經學習過」的狀態，累積得愈多愈好。每有人不是從初學者開始，一路走過來的。即使中途放棄，只要抱持著積極正面的態度，「機會總有一天還是會到來」。

名校頂尖學生的興趣就是「背東西」

我在參加日本電視臺的節目《最強頭腦　日本第一決定戰　頭腦王》時，背出了美國第十六任總統亞伯拉罕．林肯的《蓋茲堡演說》的開頭。其實我不僅能背出開頭，還能背出全文。

該演說全文如下：

Four score and seven years ago our fathers brought forth on this continent a new nation, conceived in liberty and dedicated to the proposition that all men are created equal.

Now we are engaged in a great civil war, testing whether that nation or any nation so conceived and so dedicated, can long endure. We are met on a great battlefield of that war. We have come to dedicate a portion of that field, as a final resting place for those who here gave their lives that that nation might live. It is altogether fitting and proper that we should do this.

But, in a larger sense, we cannot dedicate, we cannot consecrate, we cannot hallow this ground. The brave men, living and dead, who struggled here, have consecrated it, far above our poor power to add or detract.

The world will little note, nor long remember what we say here, but it can never forget what they did here. It is for us the living, rather, to be dedicated here to the unfinished work which they who fought here have thus far so nobly advanced. It is rather for us to be here dedicated to the great task remaining

> before us: that from these honored dead we take increased devotion to that cause for which they gave the last full measure of devotion; that we here highly resolve that these dead shall not have died in vain; that this nation, under God, shall have a new birth of freedom; and that government of the people, by the people, for the people, shall not perish from the earth.
>
> ——Abraham Lincoln

在節目的問答環節中被提問時，我背出了這一段的開頭，有幸贏得大家的矚目；而這也成了我開始寫作書籍和開辦學習班的契機。

我很喜歡背東西，我可以把自己喜歡的漫畫場景中的臺詞全都背下來，還能把它演繹出來。我曾以為這是自己與眾不同的特殊愛好，並不覺得這是什麼聰明人的特徵，但在錄製《秋刀魚的東大方程式》節目時，這種想法發生了變化。

有位東大的學生，能將《名偵探柯南》的第○集、第□集、第△集中的特定場景全都記憶在大腦裡，並現場演繹出來。

還有一位京大的學生，能模仿日本環球影城裡所有娛樂設施的開場白；而另一位東大的學生，則表演了迪士尼樂園裡娛樂設施的開場白。

聽到這些，其他學生紛紛積極表示「我也可以講得出這個」「我也是」，這一度熱烈引爆場內氣氛，差點無法結束。

那時我就在想，**原來喜歡背東西並不是什麼奇怪的愛好，對那些頂尖名校的學生來說甚至是理所當然**。當時參與節目錄製的學生，也都感受到了一種共鳴——原來大家都喜歡背東西。這件事讓我再次感受到：**聰明的人能夠理解背東西和記憶的魅力所在**。

正常情況下根本不可能記得住的東西，為什麼他們能輕鬆地倒背如流呢？

答案簡單明瞭。

因為「喜歡」。

因為喜歡，所以才能夠樂在其中，在樂在其中的同時記在腦中。

這不僅限於聰明人，善於模仿的藝人也是如此。因為喜歡模仿的對象，為了更接近本人而反覆研究，所以即使臺詞再長也能記住。這個過程絕對不是痛苦的，而是快樂的。

我在學生時代，有一次和朋友們在家打麻將，我原封不動地背出了由麻將漫畫改編的動畫《鬥牌傳說》第一集的全部旁白。這段長達24分鐘的臺詞，我在中途沒有絲毫的停頓和遲疑，令大家驚歎不已，氣氛一度十分熱烈。這件事讓我留下了非常愉快的回憶。

真要講的話，背下漫畫中的場景並不具任何現實的意義，單純只是一種自我滿足。但這種記憶的快感和沉迷其中的愉快感覺，一定會能在學習中——特別在需要記憶的時候——發揮有效的幫助。

漫畫也好、電視劇也好，請嘗試去記憶自己喜歡的東西。

學習原本只需要記住重要的內容即可，但如果具有全數記住的能力，一定更能夠在學習上輕鬆取勝。

非做不可的事，要在最短時間內完成

如果沉迷於某件事，就會希望把時間都花在這件事上，這是理所當然的。反過來說，就是不想把時間花在其他事情上。因此，如果有些事情非做不可，就要儘量在最短時間內完成。

我周遭有許多人，**為了在最短時間內完成非做不可的事情而費盡心思**。而且他們這種「要在最短時間內完成」的時間，和一般人做同樣事情的時間相比，簡直有著天壤之別。

域。

例如我在京大的一位學妹，她整日埋首於競技歌牌和研究所的微生物研究這兩大領域。她最厲害的地方，就是她會一直睡到馬上要出門前才起床，然後只需要短短10分鐘就能做好出門準備。女生出門前通常需要花上30分鐘時間，但是她在10分鐘內不僅能穿戴整齊，還能畫個淡妝才出門，令人大感驚訝。

也許，這正是因為想把時間都花在想做的事情上，才創造出了自己獨特的高效技術。

以我自己為例，我和一位學弟曾經挑戰「洗澡最快需要幾分鐘」。我目前的記錄是2分30秒，但我仍在不斷地思考是否能進一步縮短時間。這是以不偷工減料做為前提，自己尋找更好的方法提升效率，從而縮短時間。

順帶一提，我也為自己建立了一種穿衣服的模式。因為我不想浪費時間和精力去考慮該穿什麼、該如何搭配。這是眾所周知的賈伯斯式穿衣風格帶給我的啟發。

在這方面做的努力愈多，做自己想做的事情的時間就會愈多。

經常有人會說：「我有很多想做的事，但沒有時間。」從我的角度看來，這完全令人無法理解。

時間對每個人都是公平的，每個人的一天都是24小時。重要的是如何利用時間。雖然這幾句話是老生常談，但真正認真思考過時間這個問題的人卻少之又少。

反過來說，如果對時間進行深入思考，光憑這一點就能與一般人拉開差距。

「堅持」本身就會帶來成就感

踏實努力、堅持不懈，是一件樸實無華的事情，我一直都這麼認為。

直到前面提到我成功減重12公斤的時候，這種意識才發生了改變。

剛開始減重的時候我感覺很辛苦，覺得這種需要踏實努力、堅持不懈的事情不適合我，也不是我擅長的領域。直到有次忽然感覺到「我居然能這麼堅持，太厲害了！」這種樸實的堅持才轉變為一種成就感。

樸實×腳踏實地＝成就感

一般人可能很難理解上面的方程式，但透過這件事，我在心中印證了這個方程式。

創立「腳踏實地的訣竅」（コツコツのコツ）部落格的小堀純子是位筆記指導顧問，這十多年來，她每天都會更新部落格，一天都沒有中斷過。

她原本是那種三天打魚，兩天曬網的人；但不知從什麼時候開始，她變得喜歡踏實努力，進而堅持不懈。

這並不是她的性格發生了什麼變化，而是因為她掌握了堅持到底的訣竅，這其中就包括成就感。

產生成就感的要素之一，是要有「自己覺得自己很厲害」的感覺。你可能會認為要受人誇獎才會開心，但畢竟需要取得成就之後才能獲得。**「我居然能這麼堅持，太厲害了！」這種自我欣賞，也能夠帶來成就感。**

另一個產生成就感的要素就是**「讓成果變得可見」**。

例如，減重瘦了幾公斤、部落格日更了幾天等等。看到這些具體的數字，就會產生「我要繼續加油！」的動力。在學習上，我也教授過學員記錄學習時間和學習頁數的方法，如果能把做過的事情透過視覺化資料呈現，就能夠提升學習動機。

你可以將這種感覺用「存款」來比喻，會更容易理解。一點點地把錢存下來，看到存摺上的數字，就會情不自禁地露出微笑，相信大家都有過這種經驗。日本人原本就是善於一步一腳印累積經驗的民族，所以在學習方面，也一定能夠踏實努力，堅持不懈。

據說無論做什麼事，只要能堅持兩個禮拜就能夠養成「習慣」。

即使做不到兩個禮拜，剛開始的時候可以先做三天。接下來再逐漸延長到一個禮拜、兩個禮拜。

一旦感受到了堅持所帶來的成就感，就不會再覺得學習很辛苦。只要是聰明人，都體驗過堅持不懈帶來的成就感。

認真做小抄——轉變學習的目的

到目前為止，我一直將享受學習當作全心投入的大前提，如果能做到這點就再好不過。

但如果無論如何都做不到享受學習，還有一種方法可以讓學習的過程變得愉快。在本書的最後，我就把這個珍藏已久的方法告訴你。

在高中的時候，我幾乎沒認真學習過化學。

因為我對化學不感興趣，大考的時候也不考這科（注：日本的情況）。

上課的時候，我基本上都坐在教室後排偷偷唸別的科目；但到了期中期末的時候，又不能真的考不及格。

所以在考試前一天，我和朋友商量「我們乾脆來做小抄作弊吧」。於是我們嘗試了在橡皮擦或小紙條上寫小抄的方法，也研究了要怎麼樣偷看才不會被發現。

如果要想在這麼小的紙條上寫字，就必須篩選公式，還必須歸納出重點才行。需要自己好好思考抄下哪些內容才能得分，並進行歸納。

在做這些事情的過程中，我突然意識到自己其實已經正在認真投入學習。最後，我在考試時沒有作弊，而是正常地通過了考試。

只要轉變一下做小抄的目的，從為了作弊得分轉變到認真做小抄本身，就能實際讓學業進步，過程也非常愉快。

當然，做小抄並不是一件好事，但我如果無論怎樣都無法專注於學習，就當作開個玩笑嘗試一下吧。

目的不一定非要圍繞著學習不可，也可以設定成「想讓喜歡的人對自己刮目相看」，並依照第三章中介紹的「承諾書」來設定獎勵，為此而努力。在轉變學習目的的過程中，一定能讓學習變得快樂起來。

本書介紹了數種透過改變學習目的，找到全心投入學習的切入點的方法。

一開始的目的可能是「通過考試」「提升分數」等等。要想實現這些目的，最重要的不是那些耍小聰明的技巧，而是「投入」和「享受」。為此，本書介紹了許多幫助你享受學習樂趣的方法。

除了我介紹的訣竅之外，你當然也可以使用其他方法。有了想法以後，就先付諸實行，你一定能夠找出激發自己學習動力的方法。

最重要的是，要抱持「讓無趣的世界變得有趣」的精神。

我也透過轉變目的，找到了許多快樂學習的方法，並成就了現在這份教育工作。這使我即使在大學畢業以後，也可以透過教育工作讓自己一直維持學習狀態，而且至今依然樂在其中。

如果只是為了完成別人要求自己做的事，那不管做得多認真，都稱不上是真正的學習。

既然都是非做不可的事，不如就讓自己全力以赴地投入，全力以赴地享受吧！

學習也好，人生也罷，唯有樂在其中的人才能笑到最後。

後記

我在國中時期沉迷於各種「學習法」。我在放學路上一定會去車站的書店晃晃，只要看到以學習法命名的書籍，就馬上買回家。

之後，我開始閱讀各類心理學、腦科學等超出國高中生閱讀難度的書籍；到大學一年級為止，我總共閱讀了約５００本書。

隨後，我便開辦了一對一的線上學習指導班「粂原學園」，學員涵蓋國小生到社會人士，為他們提供各種應試學習和資格考試的學習方法指導。

當時我還只是個大一的學生，剛開班進行指導不久便受到了打擊。

原因在於：有些學員即使學會了有效的學習方法，成績卻依然沒有獲得提升，所以就退出了粂原學園。

我一直認為「只要掌握有效的學習方法，任何人都能提升成績」，這樣的想法被狠狠打醒。

於是我便開始思考：有沒有什麼方法能讓任何人都專注於學習，並使成績得到提升呢？

幸運的是，我在競技歌牌和幾項運動中都取得了優異成績，我所就讀的京都大學裡有許多相當優秀的人才，我從他們身上學到了很多有助於提升成績的實用技巧。

另外，在參加日本電視台的《最強頭腦　日本第一決定戰　頭腦王》節目時，我與許多極為優秀的東大學生和京大學生成了朋友，就認為一定能從這些資源中獲得一些提升學習能力的提示。

最終，我得出的答案就是「全心投入」。我認為，只要能做到全心投入，任何人都能獲得成功。

我意識到自己迄今為止所取得的成果，無一例外都是自己全心投入的結果。

在我的競技歌牌實力快速提升的時期，每天無論睡覺還是醒來，我滿腦子都想著競技歌牌。在車裡也經常播放歌牌的ＣＤ，回家後便自己一個人擺開歌牌開始練習。

我周圍的頂尖大學學生也都是如此。總而言之，他們都能做到全心投入，擁有強大的專注力。我認為這才是學習上取得成功的必要因素。

為了實現目標，掌握有效的學習方法不可或缺；不過，更重要的是能夠對學習擁有多少熱情，以及能否全心投入於學習。自從我的心態轉變以後， 原學園的學員們也發生了很大的變化，成績得到了驚人的提升。

本書總結了專注學習、實現目標的方法。這些方法都是在我所知的範圍內，經過親身驗證、確實有效的方法。如果本書能夠幫助大家實現自己的目標，對我來說將是莫大光榮。

此外，在寫作本書的過程中，有幸獲得鑽石社的武井先生和狩野先生的大力協助，如果沒有這兩位的幫助，本書就無法完成。也藉此機會致上謝意。

二〇二〇年一月

原圭太郎

參考文獻

- 《打造愛學習的大腦（暫譯）》（勉強にハマる脳の作り方）篠原菊紀著，FOREST出版
- 《齋藤孝30分鐘散步法（暫譯）》（斎藤孝の30分散步術）齋藤孝著，實業之日本社
- 《專注力，就是你的超能力：掌控自我、提升成績的18個學習武器》（自分を操る超集中力）DaiGo著，KANKI出版社（中文版：方智）
- 《Gettysburg Address》（Abraham Lincoin，Amazon Services International, Inc.）

附錄

高手都在用的6個學習法

費曼學習法（Feynman Technique）

費曼學習法包括4個核心步驟。第一步：選一個你想學習的概念。第二步：設想如果面對一個10歲的小孩，你應該用什麼方式解釋這個概念，才能讓孩子完全聽懂。第三步：如果你無法解釋清楚，就把這個概念重新研究一遍，直到你能順暢地解釋它為止。第四步：繼續昇華，用更簡潔的方式和比喻等技巧來完美闡釋概念。

番茄鐘工作法（Pomodoro Technique）

使用番茄鐘工作法需準備的工具：一個番茄鐘定時器，3張表格。

使用番茄鐘工作法需遵守的規則：第一步：一個番茄鐘時段共30分鐘，25分鐘工作，5分鐘休息，每個番茄鐘時段不可分割。第二步：每四個番茄鐘時段就放下工作，進行一次較長時間的休息，大約15到30分鐘。第三步：完成一個任務，就劃掉一個。

番茄鐘工作法的精髓：①一次只做一件事，保持專注。②按照輕重緩急程度分解目標任務，以高效完成。③做完一件劃掉一件，增加成就感，避免半途而廢。④整理雜亂無章的工作事項，克服拖延症。⑤持續改善時間管理能力，讓優秀成為一種習慣。

金字塔原理（Pyramid Principle）

金字塔原理是一項有層次的思考和溝通技術。金字塔原則假設你已經知道如何寫出漂亮的句子和段落，而它所關注的是你落筆之前的思考過程。這項寫作思考方法要求寫作者在寫作之前，先對核心概念進行歸類，並透過演繹推論和歸納推論來組織你的論點。

金字塔原理其實就是以結果為導向的論述過程，或是以結論為導向的邏輯推理流程。其中，位處金字塔愈高層的論述，價值就愈高。

思維模型框架（Latticework of Mental Models）

思維模型框架，是透過結合多個領域的知識、不同的角度來觀察事物和分析問題。它就像是一整套解決問題的工具箱，往往可以得出相對準確的結論。

思維模型框架是巴菲特的合夥人查理·蒙格（Charles T. Munger）多次提及的一個概念：一個思維模型就相當於你大腦中一項用於決策的工具，你擁有的工具愈多，你就愈能夠做出正確的決定。

單一的思維模型，往往只是從單一方向或單一層次進行思考，這也是絕大部分人在生活中的思考習慣。但現實中的許多問題非常複雜，涉及很多層面，只套用一種固定的思維模式並不能有效解決。

5W2H 分析法（5W2H analysis）

又稱為「七何分析法」：① What，目的是什麼？② Why，為什麼做？可不可以不做？有沒有替代方案？③ Who，誰？由誰來做？④ When，何時？什麼時間做？什麼時機最適宜？⑤ Where，何處？在哪裡做？⑥ How，怎麼做？如何實施？方法是什麼？⑦ How much，做到什麼程度？

這個思考法用5個以W開頭的疑問詞和2個以H開頭的疑問詞來提問，可以幫助大家發現解決問題的線索和思路。

康乃爾筆記法（Cornell Notes system）

又稱為「5R筆記法」，旨在告訴學生如何高效做筆記。康乃爾筆記法把一頁紙分成了三部分：右上最大的空間是我們平日的「筆記欄」。左側直向的空間叫作「整理欄」，用來歸納右邊的內容。下面橫著的一欄則是「摘要欄」，就是用一兩句話總結這頁記錄的內容。

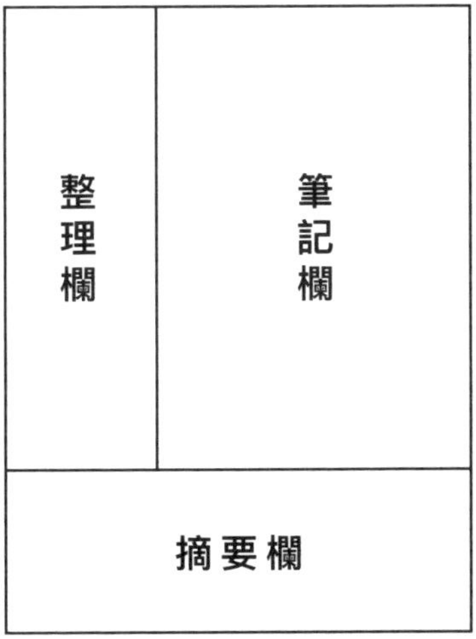

需要注意的是，筆記和歸納不要同時進行。在回顧筆記的時候再做歸納效果最佳。總結的工作可以在實行階段再做，可以發揮思考消化筆記的作用。

勝出 99% 人的成癮式學習法

同步提升邏輯思維、記憶力和專注力，輕鬆成為「會學習的人」

偏差値 95 の勉強法：頭のいい人が知っている「学びを自動化する技術」

作者　條原圭太郎
譯者　富雁紅
執行編輯　顏妤安
行銷企劃　劉妍伶
封面設計　周家瑤
版面構成　賴姵伶
發行人　王榮文
出版發行　遠流出版事業股份有限公司
地址　臺北市中山北路一段 11 號 13 樓
客服電話　02-2571-0297
傳真　02-2571-0197
郵撥　0189456-1
著作權顧問　蕭雄淋律師
2022 年 9 月 30 日　初版一刷
定價新台幣 300 元

ISBN　978-957-32-9770-3
遠流博識網　http://www.ylib.com　E-mail: ylib@ylib.com
（如有缺頁或破損，請寄回更換）

國家圖書館出版品預行編目 (CIP) 資料
勝出 99% 人的成癮式學習法 / 條原圭太郎著 ; 富雁紅譯 . -- 初版 . -- 臺北市 : 遠流出版事業股份有限公司 , 2022.09　面 ; 公分
譯自 : 偏差値 95 の勉強法 : 頭のいい人が知っている「学びを自動化する技術」
ISBN 978-957-32-9770-3(平裝)
1.CST: 學習方法
521.1　　　111014337